I0766446

El Desafío Sistémico

California New York Hidalgo

November 28, 2015

El Desafío

Sistémico

El Sistema Internacional y el Subdesarrollo Mexicano

Ignacio Israel Cruz-Lara

iisrael Cruz-Lara Media
USA & México

ISBN 9781798155523

Designed & Graphics by iisrael Cruz-Lara Media

To my beautiful BabyBoys,
Ignacio & Michael ...
Daddy loves you more than you can ever imagine.
Our Little Family was a gift from G-d.

Blessing

Barukh ata Adonai Eloheinu, bora ha`olam

בָּרוּךְ אַתָּה ה' אֱ-לֹהֵינוּ בּורא הָעוֹלָם

Blessed are you, lord our G-d, creator of the universe.

Y'simcha Elohim k'Efrayim v'chi-Menasheh
Y'varechecha Adonai v'yish'm'recha.
Ya-er Adonai panav eilecha vichuneka.
Yisa Adonai panav eilecha
v'yaseim l'cha shalom.

יְשִׂמְךָ אֱלֹהִים כְּאֶפְרַיִם וְכִמְנַשֶּׁה
יְבָרֶךְ אֲדֹנָי וִישַׁמְּרֶךְ
יָאֵר יְהֹוָה פָּנָיו אֵלֶיךָ וִיחֻנֶּךָּ
יִשָּׂא אֲדֹנָי פָּנָיו אֵלֶיךָ וַיָשֵׂם לְךָ שָׁלוֹם

May you be like Ephraim and Menashe.
May God bless you and guard you.
May God show you favor and be gracious to you.
May God show you kindness and grant you peace.

Reconocimiento

Le doy gracias a Di-s por una vida tan bendecida, llena de amor y alegría.

A mi hermana Carolina Cruz y mi querida madre Carolina Lara Acevedo, el apoyo y amor de Ustedes durante toda mi vida ha sido y siempre será una de las grandes bendiciones que Di-s me ha dado. Ya voy de regreso a casa, en todos los sentidos, y se siente increíble.

A mi Padre, te perdí cuando era un bebe, pero sabes que siempre te he tenido presente en mi vida.

A todos mis hermanos, los amo. Ustedes, sin duda, son los mejores y más grandes ejemplos de padres que he visto en esta vida. Son un gran orgullo para mí. El amor y dedicación que le tienen a sus familias es el mejor ejemplo que puedan dar en esta vida.

A mi hermano mayor: te extraño más de lo que pudieras imaginar. Salúdame a papa.

A mis amigos en todo el mundo: el intercambio de ideas para mejorar esa pequeña parte del mundo que nos corresponde, sin duda, me ha ayudado durante los años. Es innegable que hemos contribuido a este mundo, cambiado muchas vidas, y eso da una gran sensación.

Este libro inicio como tesis doctoral y durante un proceso de más de 10 años se convirtió en esta obra teórica. El contenido exigía mucha expansión y contexto, pero de una forma accesible para todos. Durante todo ese tiempo que continuo mí exilio en México, me convertí en padre y me transformé, por que descubrí que lo más importante para mí en esta vida era ser un hombre de familia. ser hombre de familia fue una experiencia tan profunda y hermosa que me lleno el alma y la vida de momentos que no cambiaría por nada en este mundo.

Autor

Photo by Ignacio A. & Michael A. Cruz-Lara

Ignacio Israel Cruz-Lara

En Marzo 2019 Ignacio Israel Cruz-Lara se convirtió en el primer Hidalguense en la historia en ser candidato al Congreso de los Estados Unidos. Su comité, Ignacio Cruz for US Congress, se registró formalmente ante la Comisión Federal Electoral (FEC) en Washington D.C. para contender por el distrito 19 federal de California en el ciclo electoral de 2020.

Es experto en el sistema político-gubernamental de Estados Unidos y México. Cuenta con más de 20 años de experiencia internacional en los sectores público y privado en polítcas públicas y desarrollo económico, así como extenso trabajo en campañas electorales.

Licenciatura en Relaciones Internacionales y Economía, Universidad del Sur de California (USC); Maestría en Planeación Urbana y Desarrollo Económico Internacional, Universidad del Sur de California (USC); estudios de doctorado en Ciencias Políticas y Sociología, Universidad Iberoamericana, Santa Fe, DF.

Mi hermosa esposa Magdalena
AMOR DE MI VIDA
eres lo que mi alma siempre ha buscado.
לודג אוה םיהולא

CONTENIDO

Ignacio Israel Cruz-Lara

El Desafío Sistémico

El Sistema Internacional y el Subdesarrollo Mexicano

INTRODUCCION

El enfoque principal de este trabajo es presentar el subdesarrollo de México en un contexto del sistema internacional y las teorías que lo han dominado durante siglos.

Un segundo enfoque es inspirar a ellos en el servicio público que tienen un interés de aprender sobre las teorías que han dominado y siguen dominando el sistema internacional, porque es bastante preocupante lo poco que saben los de la clase política, los jóvenes, sobre la historia, política, economía, y por supuesto el sistema internacional.

El subdesarrollo de México es un tema complejo que, en esencia, no es comentado por la clase política. Si se habla de los problemas que tiene el país en términos de pobreza y de la marginación que existe, pero nunca utilizan el término "subdesarrollo" o hacen referencia a que México está "subdesarrollado" y que es algo que se tiene que superar como nación.

Este libro habla abiertamente de esto y busca identificar la raíz del subdesarrollo mexicano y reintroducir este término en el lenguaje político nacional para enfrentar esta condición que limita las vidas de millones de mexicanos y fomenta un sistema corrupto que mantiene al país subdesarrollado en todos los sentidos de la palabra.

Específicamente, se identifica la posición de México en el sistema internacional y las consecuencias de esa posición para el desarrollo. Este trabajo trata de simplificar lo complejo que es el sistema internacional para tener un concepto general operativo que podamos utilizar para relacionar el subdesarrollo mexicano con la lucha por el

Balance de Poder.

En mi primera vista profesional a México en el verano de 1994, recién egresado de la Universidad del Sur de California (USC) en Relaciones Internacionales y con un poco de experiencia laboral en Washington D.C., entre como Director de la Relaciones Internacionales a la entonces Secretaria de Industria y Comercio de Hidalgo para apoyar al Secretario con la promoción internacional del estado. En ese entonces estaba la emoción del TLC (Tratado de Libre Comercio) y la política económica neoliberal del presidente Salinas, y se hablaba eufóricamente de que México iba superar el subdesarrollo. Según todos los expertos, México estaba en el camino al primer mundo y nada o nadie lo iba detener. Con tanta propaganda en Estados Unidos y en México uno empieza a creer lo que escucha, pero aun así, y sin conocer bien las realidades del país, yo calculaba que México podría lograr ser primer mundo en unos 50 años. En diciembre de ese año se desploma la economía mexicana y México pierde toda esperanza de ser primer mundo y el discurso público de superar el subdesarrollo se abandona.

Después de mi año de trabajo en México en temas de inversión extranjera directa y viendo la realidad del sistema mexicano, conociendo un poco más a detallé las idiosincrasias del país y del sistema político, me di cuenta de algo muy importante: que ni en 100 años México iba poder superar el subdesarrollo. No solo por los modelos de la política económica neoliberal y el sistema político interno, sino porque había algo más que México estaba enfrentando y nadie se preocupaba por identificarlo. Ese "algo más" se me ha quedado como pregunta y es algo que he tratado de entender durante mis estudios de maestría y doctorado, y como profesionista.

Esa ponderación filosófica, inquietud intelectual, fue la base de mi tesis doctoral por querer investigar y articular las distintas ideas que tenía sobre ese tema. Esa inquietud de querer entender el "por qué" México está subdesarrollado es la base de esta obra teórica, y este libro la articulación de una de esas ideas que se han ido formando y desarrollando con el tiempo para contestar con mis propias ideas la pregunta que muchos nos hacemos: ¿Porque esta subdesarrollado México?

Sin duda, todos hemos escuchado los comentarios que México tiene todos los recursos naturales para ser una potencia mundial. Además, es vecino del país más rico y poderoso del mundo, geográficamente no le pide nada a nadie, y tiene muchas otras ventajas naturales. Millones de mexicanos se han hecho esta pregunta una y otra vez, y nunca llegan a una conclusión definitiva. La respuesta fácil, y la más popular, es la corrupción. No dudo que la corrupción sea responsable que el país se mantenga subdesarrollado, tanto en lo económico como lo institucional, pero ¿porque nunca se ha desarrollado? ¿Qué factores existen o condiciones más allá de la corrupción que no permitió el desarrollo de México? Aquí lo que se busca es la raíz del subdesarrollo mexicano con una perspectiva distinta que igual podría explicar porque sigue en el subdesarrollo. Deber ser algo mucho más que la corrupción porque en Estados Unidos hay mucha corrupción, así como en otros países de primer mundo, pero ellos no están subdesarrollados. Eso indica que existe algo más para entender el subdesarrollo mexicano.

Este trabajo identifica la realidad de ese "algo más" en un contexto internacional bajo las teorías del Realismo y su aplicación en el sistema. Se identificaron las obligaciones de cada Estado, así como las verdaderas consecuencias de actuar y no actuar dentro del sistema para dejar claro que es importante entender cómo funciona el sistema internacional.

El argumento del subdesarrollo en este trabajo no se apoya de la Teoría de Dependencia para explicarlo, pero sin duda algunos van a tratar de entenderlo bajo ese modelo teórico. Eso sería un error porque la relación económica entre el Centro y la Periferia en esa teoría es la base del subdesarrollo, y en este trabajo no se considera esa relación como la base del subdesarrollo, y mucho menos la "solución" que esa línea de pensamiento proponen para superarlo.

Lo relevante es entender, en lo general, las políticas del Balance de Poder, así como las teorías de base, que utilizan los más poderosos para mantener su lugar en el sistema internacional. Bajo esta interpretación o perspectiva, la Teoría de Dependencia equivale a no tener opciones, y yo no lo considero así bajo mi modelo del Desafío Sistémico.

Les voy a presentar las bases teóricas que gobiernan al sistema internacional y las realidades que todos los estados tienen que enfrentar. Con estas herramientas, la "realidad" del Sistema se revela y las acciones de los poderosos se pueden categorizar, inclusive se puede determinar si son acciones preventivas, de mantenimiento, proactivas para generar cambios en el Sistema, o simplemente acciones sin conocimiento del sistema internacional.

Los países que han triunfado, es en gran parte, por su dedicación al conocimiento teórico que domina el sistema. Unos países fracasaron, pero entendían el sistema. Tenían la posibilidad de triunfar. Otros países han fracasado, pero nunca han tenido la oportunidad de triunfar.

Como parte fundamental para entender cómo funciona el Balance de Poder, el Realismo Político, así como la Política de Poder, se reconstruyo el sistema internacional del siglo XIX y XX por medio de una narrativa que describe con detalle la batalla estratégica entre los poderes que dominaban el sistema para entender las realidades fundamentales del poder y el sistema.

Identificar las políticas y acciones de cada poder para crear o mantener sus ventajas sistémicas reveló que el comportamiento sistémico tiene una base teórica muy específica con fines muy precisos. Ya entendiendo el contexto de las acciones de los poderosos y sus bases teóricas, se analizaron las políticas y acciones de México para identificar sus bases teóricas y sus fines sistémicos durante la última época que se dio un cambio sistémico.

El sistema internacional es complejo y no es casualidad que unos países dominan el sistema y otros son dominados. Aquí se explora esa realidad a detalle.

-------- UNO

El Sistema Internacional

El sistema internacional es la forma en que los países poderos han organizado al mundo históricamente. Si no entendemos cómo se organiza ese sistema de poderes o las teorías que lo gobiernan, entonces estamos actuando a ciegas, sin saber adónde estamos, que peligros nos rodean o que debemos hacer.

Los países poderosos son las figuras más relevantes dentro de este sistema y son ellos quienes imponen la estructura del orden sistémico. Los países dominantes tratan de mantener el sistema a su favor porque solo así pueden seguir conservando su poder y ese poder se base en las oportunidades económicas que su capacidad militar históricamente ha generado y sigue generando.

Cuando un Estado reta la posición de otro, se genera inestabilidad y, básicamente, es cuando tenemos guerras. La estabilidad es esencial para los países poderosos, les encanta, no porque sean pacíficos, sino porque la estabilidad les asegura que nadie les va a retar su poder y todos se quedaran en su lugar. Ese es el fin de la estabilidad.

Se puede decir que en ese proceso de tratar de mantener el sistema estable es en donde las teorías y modelos del sistema internacional se desarrollan y se tratan de aplicar, y es cómo surge la disciplina de relaciones internacionales. Tener la capacidad intelectual para entender las acciones entre estados rivales es esencial para el éxito. Sin esa capacidad, un país está condenado a ser pequeño y seguir el liderazgo de otros.

Bajo esta primicia del sistema, cada Estado está obligado entender las teorías y modelos que gobiernan el sistema para tener un contexto de cómo opera dentro del mismo y como los países más poderosos aplican esas teorías para generar ventajas económicas.

Para poder entender el sistema debemos tener un conocimiento profundo de la disciplina desde las teorías de relaciones internaciones que han dominado al sistema, hasta la Teoría Sistémica, Teoría de la Política Económica Internacional, Teoría Critica y de la historia de la batalla incansable del Balance de Poder. Sin duda requiere de mucho esfuerzo para dominar esta disciplina.

En este capítulo les presento los conceptos esenciales de la disciplina de relaciones internacionales para contextualizar el sistema internacional y poder interpretar el argumento de este trabajo sobre el subdesarrollo de México en el contexto sistémico.

El marco teórico que se establece en este libro tiene el objetivo de definir los parámetros generales de las teorías de relaciones internacionales y utilizarlas para realizar un análisis cualitativo del sistema político internacional, así como las políticas y acciones mexicanas dentro del sistema. Es fundamental poder entender las presiones sistémicas que cada Estado enfrentaba y la forma en que interpretaban el complejo escenario de un mundo peligroso y un sistema caótico.

El primer paso, es describir y definir lo esencial de las teorías, modelos y doctrinas que dominan el Sistema y como entenderlas. Entender lo esencial del Realismo Político, Neorrealismo, Teoría Sistémica, Estabilidad Hegemónica,

Política Económica Internacional, el Sistema Moderno Mundial, Teoría Critica y las Relaciones Internaciones nos dará las herramientas básicas para contextualizar el argumento y poder ver con una nueva óptica lo que cada acción implica a nivel sistémico.

La doctrina de relaciones internaciones es y siempre ha sido un elemento clave para definir las políticas públicas de todas las naciones poderosas. Desde los tiempos de Tucídides[1] hasta hoy, la necesidad de entender nuestro mundo y proteger el bienestar de la nación han sido valores y objetivos primordiales. Si un Estado no entiende el entorno internacional, está condenado a fracasar. Hay cuarto teorías claves que cualquier internacionalista debe conocer, este de acuerdo con ellas o no, para poder interpretar las acciones de los poderosos y actuar en un mundo peligroso: El Realismo Político, Neorrealismo, Estabilidad Hegemónica y el Balance de Poder. El conocimiento básico de esas teorías le dará una mejor oportunidad a cualquier estadista entender el sistema internacional y crear oportunidades para su Estado.

Relaciones Internacionales

La disciplina académica de relaciones internacionales se formaliza al inicio del siglo XX en Inglaterra, aunque su presencia existe desde hace más de 2000 años en la antigua guerra entre Esparta y Atenas. Su propósito original fue buscar las formas políticas para evitar guerras o por lo menos construir un sistema internacional más estable y pacífico. Desde su inicio, el debate dentro de la disciplina se enfocó en cómo lograr esas metas y unas de las preguntas esenciales es; ¿de qué forma se puede analizar la política mundial y descubrir las fuentes del cambio, el conflicto y la guerra? Hoy en día el tenor de esta pregunta aún sigue siendo el enfoco principal. Aun así, el punto controversial de relaciones internacionales se encuentra en la definición

---

1 Tucídides: Historiador y General de la antigua Atenas 460-400. Considerado el Padre del Realismo Político.

de la estructura conceptual más apropiada para contestar esa pregunta dentro de esta disciplina.

La disciplina de Relaciones Internacionales investiga la política mundial en términos de tres niveles: el individuo, el Estado y el Sistema. No son los únicos niveles, pero si los esenciales para el estudio de relaciones internacionales. Pero, lo que sí es de mayor relevancia es el debate sobre el "debate del nivel de análisis" (Vázquez 1990).

El proceso histórico de relaciones internacionales revela las fases teóricas que han sido parte de esta disciplina, desde el Realismo a lo Estructural, a lo Cuantitativo a Post Modernista. De forma medular, el problema histórico de relaciones internacionales se compone de cuestiones epistemológicas, ideología y sociología. En términos epistemológicos, la historia se convierte en un socio de investigación indispensable. Aunque sabemos que para obtener la verdadera versión de la historia es casi igual a 'clavar gelatina a la pared' (Peter Novivk 1988), es por ello que utilizar la historia representa un gran desafió para las ciencias sociales. La historia no es un rompecabezas que se puede armar, sino más como una serie de piezas y hechos, inferencias e interpretaciones que más o menos son posibles. Porque, a final de cuentas, "son posibles" muchas interpretaciones de la misma realidad y de los mismos hechos. Aunque todos los historiadores estén de acuerdo con los hechos, aun no estarían de acuerdo con el peso representativo de esos hechos: ese proceso de 'reconstrucción imaginativa' de cualquier análisis causal, valorar motivos y la eficiencia causal varean considerablemente (Stanley Hoffman1987; 455). En relaciones internacionales, principalmente en términos analíticos, es obligatorio un análisis cualitativo porque las acciones de cada Estado no se pueden medir de forma cuantitativa y la interpretación histórica es la responsabilidad del investigador y la valides de su metodología.

En términos sociológicos, las costumbres de relaciones internacionales han incrementado su falta de atención hacia las preguntas históricas, o ven la historia como una etapa formal en un proceso teórico (Vázquez 1990); esto sugiere que la historia no forma parte del análisis principal, sino solo es un camino a la teoría. Casi todo el debate de la disciplina se encuentra dentro del cuadro del 'positivismo': se asume que aseveraciones racionalmente justificadas sobre lo 'esencial' de la naturaleza de la política puede ser verificada científicamente por medio de las observaciones de los hechos históricos; básicamente, los actos históricos. Tal vez la motivación política no se pueda descubrir, pero el hecho político existe y se puede analizar metodológicamente para darnos una perspectiva de esos actos históricos.

Los realistas establecieron dos formas para realizar la búsqueda de conocimiento en la disciplina. Primero, rechazaron la forma descriptiva y poca verídica del análisis de la historia diplomática; en su lugar se estableció una forma de investigación que detecta patrones generales, o lo que se llama leyes de la historia (Vázquez 1990). Por ello, el enfoque se preocupó más por explicar el ¿Por qué? ocurrió algo y no la descripción de como ocurrió. Segundo, el análisis normativo y legalista fue relegado a la periferia de la disciplina por los realistas. E.H. Carr y otros realistas se preocupaban primordialmente por entender y explicar las leyes fundamentales de la política internacional. Sin la capacidad de poder formular explicaciones, realizar pruebas y después una investigación sistemática, el conocimiento de la disciplina solo sería una opinión bien informada y argumentada (Vázquez 1990). Pero, el resultado, no sería un conocimiento científico.

El método científico es una de las formas en que la humanidad se puede proteger de la creación de mitos y del auto delirio (Vázquez 1990). La ciencia no se puede definir tan estrechamente como lo han hecho los Conductistas[2], porque el método científico no solo se puede encontrar en un análisis cuantitativo. La ciencia no es tanto la utilización de números, sino la formulación de aseveraciones que se puedan examinar. El punto medular de la investigación científica no es el análisis cuantitativo, sino rechazar especulación sin sostén y favorecer esos métodos que produzcan resultados sistemáticos que se puedan repetir.

Un ejemplo de esto es Johan Galtung en su trabajo *A Structural Theory of Imperialism* (Galtung 1971) en donde utilizo conceptos sociológicos para analizar la relación imperialista entre el centro y la periferia del sistema internacional. Esto le dio un nuevo impulso al aspecto económico del sistema y al estudio del imperialismo. Galtung demostró que al terminar el colonialismo no termino el imperialismo y, además, aún continúa hasta el día de hoy en formas muy sutiles.

A mediano de los 70's los Conductistas iniciaron su esfuerzo por examinar y reformular las presunciones del imperialismo. Uno de los esfuerzos de mayor importancia fue desarrollado por Choucri y North[3], en analizar las relaciones entre los factores internos, la expansión, las rivalidades imperiales y el inicio de la Primera Guerra Mundial. El trabajo es particularmente relevante porque enlaza el trabajo realizado sobre la crisis de 1914 y lo estructural de los marxistas modernos. Por lo tanto, la relación entre la periferia y el centro continúan como un foco de investigación. Investigadores latinoamericanos, entre ellos Cardoso y Faletto veían esta relación en términos de dependencia y con ello explican porque el tercer mundo no se estaba industrializando tan rápidamente. Esto preparo el escenario para investigaciones más amplias lideradas por

2Behaviorist/Behaviorism: la teoría o doctrina que la psicología humana se puede estudiar atinadamente solo por medio de la examinación y análisis de observaciones cuantificadas de eventos: el estudio experimental objetivo y natural de la conducta.

3 Choucri & North "Lateral Pressure in International Relations": Concept & Theory in Handbook of War Studies, Edited by Manus I. Midlarsky. University of Michigan Press 1989.

Immanuel Wallerstein quien investiga sobre cómo surgió una sola economía mundial. El trabajo de Wallerstein pone en contexto la economía mundial en el modelo Centro y Periferia que tiene su inicio desde el año 1640 y que ha pasado por cuarto (4) etapas. Explico cómo los estados pasan del centro a la semi-periferia y vise versa. Nos explica cómo es que existe una solo economía mundial y las acciones que han realizado los estados poderosos para mantenerse en el centro y no caer a la periferia. El modelo Centro y Periferia es mucho más que un modelo abstracto del sistema económico mundial. Es, se puede decir, una descripción de cómo está organizado el sistema económico mundial y por ello cada Estado debe de entenderlo.

Por ello es importante tener una base teórica de como los grandes poderes ven el mundo, la económica mundial, y en que basan sus acciones políticas, económicas y militares para poder darle contexto a las políticas y acciones de los grandes poderes. Lo que sigue son descripciones de esas teorías base que sustentan el análisis técnico y cualitativo de este trabajo.

Realismo Político

En relaciones internaciones no hay otro valor, o teoría, que ha dominado como la del *Realismo Político*[4] y aunque exista debate sobre la forma de cómo entenderlo, es la doctrina que ha definido y a dominado al sistema internacional.

Un ejemplo del debate entre los grandes de la disciplina es el de Robert Gilpin que considera que el Realismo Político es más una disposición filosófica que una teoría científica; el de Richard Rosecrance, quien asegura que es más una actitud sobre la condición humana; y el de Kenneth Waltz quien asegura que el Realismo está basado en el pesimismo del progreso humano y posibilidades humanas (Keohane 1986: 304).

---

4 Una teoría de filosofía política que trata de explicar, modelar, y prescribir relaciones políticas. La teoría presupone que el poder es, o deber ser, el fin primordial de toda acción política, internacional o interna.

Sea teoría o disposición filosófica, lo que sí es una realidad son las políticas y acciones realistas que implementan los grandes poderes para manipular y controlar el sistema internacional. Es por ello, que todos los promotores del Realismo comparten tres creencias sobre la vida política en el sistema internacional (Gilpin 1984; 38(2): 287-304):

1. El conflicto es la naturaleza de los asuntos internacionales. Tal como Thomas Hobbes[5] se le comento a su patrón, el Segundo Conde de Devonshire, *"it's a jungle out there"* (Hobbes 1651). La anarquía manda; el orden y moralidad son las excepciones. Es por ello que en todo lo político y económico, la voz está en el poder (Gilpin 1984; 38(2): 287-304). Es decir: los que tiene el poder son los que mandan.

2. El grupo es la realidad social. Esto implica que la base de la vida política es lo que Ralf Dahrendorf llama el "grupo de conflicto" (Dahrendorf 1959). En un mundo de recursos limitados, los humanos se enfrentarán como grupos y no como individuos.

3. La primicia que el poder y la seguridad, en la vida política, son la base de la motivación humana (Gilpin 1984; 38(2): 287-304). Tucídides lo describe como *"el hombre es motivado por honor y codicia, pero sobre todo, el temor"* (Tucídides 400 A.C./1951:44).

Son por esas razones que el Realismo Político enfatiza que las metas nobles y justas de la vida humana no serían posibles sin primero asegura la seguridad del Estado en un mundo caótico y lleno de peligro (Morganthau 1978).

En la disciplina del Realismo Político han existido tres grandes escritores: Tucídides, Maquiavelo[6] y E.H. Carr[7] y cada uno de ellos demostró una capacidad científica e intuitiva

---

5 Autor / Filosofo: Leviatán 1651.

6 Nicolás Maquiavelo, 1469-1527 – Diplomático, filosofo, escrito italiano.

7 Edward Hallet Carr, 1892-1982 – Historiador británico, teórico de las relaciones internacionales.

en su trabajo. De hecho, Tucídides es considerado como el primer historiador científico de relaciones internacionales por haber revelado y aplicado la gran influencia de la ciencia griega en el método de análisis. Pero fue E.H. Carr en su obra *The Twenty Years Crisis (1946)* quien hace el llamado por la necesidad de establecer formalmente una ciencia de relaciones internacionales para resolver el problema de guerra y para introducir los mecanismos del cambio pacífico al Sistema. Así como en todas las épocas de su historia, el Realismo ha tratado de fundamentar la "ciencia" de relaciones internacionales sobre la realidad de la práctica diplomática y la interacción entre estados.

El Nuevo Realismo busca ser más científico en su forma de entender el mundo y las acciones de los estados, y es por ello por lo que utiliza la teoría social para mejor entender las interacciones en los asuntos internacionales y en el Sistema. El Realismo de hoy ha superado esas limitaciones de Morganthau, Kissenger y Herz y han incorporado los factores que dominan el escenario internacional, como el comercio, dinero, y la inversión extranjera a la tradición realista. De hecho, esos factores han estado presente en todas las épocas y los pensadores realistas siempre se han preocupado por las dimensiones económicas que impactan las políticas del Estado. La '*Historia*' de Tucídides puede ser vista como un análisis del profundo impacto que tuvo una revolución comercial sobre un sistema internacional relativamente estático. Tucídides argumento_que la expansión comercial transformo la política internacional de Grecia y planto la base de la gran guerra que destruyo a esa civilización (Tucídides 400AD/1951).

La interacción que se da entre la política y la economía internacional es uno de los pilares de interés del Realismo moderno. La aplicación del poder económico, la expansión económica, una economía mundial dependiente son aspectos claves de la tradición Realista. Son estas líneas que relacionan la economía internacional y la política internacional para impulsan nuevas formas de pensar sobre el sistema internacional.

El análisis de D.H. Carr (Carr 1946) enfatiza la relación íntima entre la economía internacional y la política exterior, y es la base de la gran mayoría de los realistas en relaciones internacionales para entender el Realismo moderno.

Es en esos dos pilares de la economía internacional y la política exterior que nos permite utilizar la política-económica internacional y la teoría sistémica para desarrollar esta investigación. Es dentro de la teoría sistémica que vemos con mayor claridad la política-económica internacional y las acciones de los poderes hegemónicos del Sistema. Son esas fuerzas de la política-económica del sistema internacional que mantienen el sistema económico mundial y nos permite ver el subdesarrollo en el contexto sistémico.

La disciplina de relaciones internacionales aun no le ha dado mucha atención a la relación entre el subdesarrollo y el posicionamiento sistémico, o como generar un cambio en un sistema que no quiere cambiar. Sin duda hace falta mayor investigación sobre la relación entre el subdesarrollo y el posicionamiento sistémico. Es importante entender el subdesarrollo y su relación con el cambio sistémico para desarrollar nuevas teóricas sobre esa dinámica.

El enfoque de relaciones internacionales esta principalmente sobre el "porque" se da el cambio dentro del sistema o cambio de sistemas, lo que aquí se nombra Cambio Sistémico, y no sobre cómo generar un cambio sistémico. Rosenau (1990) en su Teoría del Cambio y Continuidad habla de un cambio en relación con el poder de los ciudadanos, un nivel micro que tiene muchas implicaciones. Ese concepto micro tiene gran validez para entender el subdesarrollo y cómo generar el cambio sistémico porque nos permite explorar un nivel del sistema que no es tomado en cuenta, aunque sabemos que los pequeños estados no van a generar cambios sistémicos por sí mismos. El concepto micro le ofrece una base teórica a esta investigación para explorar el subdesarrollo de los pequeños estados en el sistema internacional y analizar su comportamiento. En este contexto sistémico de poder y Realismo es en donde se posiciona esta investigación para darle contexto al subdesarrollo de México en términos sistémicos y tratar de entender que tanto pudo o no pudo haber hecho para mejorar su actual situación de subdesarrollo.

El Realismo Político es como uno puede percibir la naturaleza del sistema internacional. El sistema político internacional tiene la misma estructura básica y principios filosóficos desde su formación en 1648 después de la paz de Westphalia que legitimó el sistema de estados (Hague, Harrop & Brestin 1998). Desde ese primer momento histórico del sistema el Realismo Político se convirtió en la ideología generalmente aceptada por los actores principales del nuevo escenario internacional (Koehane 1980:7). Fue así porque los principales actores ya la aceptaban y aplicaban. Aunque la complejidad de las relaciones entre los actores ha aumentado, el Realismo sigue siendo la base ideológica para todos los estados poderosos; definiendo y estableciendo patrones predecibles y racionales de comportamiento.

Lo atractivo de esta forma de pensar es por su aplicabilidad a los problemas prácticos que existen en relaciones internacionales. Le proporciona una serie de pasos muy claros y precisos a cada Estado para entender y responder a las amenazas que se enfrentan en el sistema internacional.

Uno de los mejores ejemplos de la doctrina Realista y de su aplicación es la guerra Peloponesia del año 400 a.e.c.: el poder de Atenas crecía y ese crecimiento, por sí mismo, era un peligro para la seguridad de los Lacedemonios[8] y solo por esa percepción de peligro, real o no, tuvieron que iniciar

---

8 Lacedemonia, es como se conocía Esparta en la antigua Grecia.

una guerra contra Atenas antes de que el peligro percibido se convirtiera en un peligro real. Esa fue la ideología que aplico Esparta para identificar a los rivales, solos o en coalición, que representaban un peligro para su nación, y de esa forma interpretaban la realidad del escenario político, y poniéndolo en un contexto del poder militar a su alcance.

La premisa básica que genera la ideología Realista en este caso fue que Atenas, solo por tener un crecimiento económico, eventualmente buscaría incrementar su poder e influencia en la región, y eso sería un peligro para la estabilidad y seguridad de Esparta. El modelo Realista te obliga interpretar las condiciones del sistema y atributos de cada Estado en relación con tu seguridad y los peligros que podrían existir. Es por esta "realidad" que cada país debe tener la capacidad de interpretar su entorno en ese contexto, y poder desarrollar políticas y acciones para protegerse y defender sus intereses en un sistema peligroso. El Realismo enfatiza que todos vivimos bajo un peligro constante en el sistema internacional. Creer que los países fuertes te van a permitir crecer y que ellos no representan un peligro para tu existencia, no es más que un auto engaño del idealista. Es por esta razón que nunca ha existido una tranquilidad en el sistema internacional. Los países fuertes siempre han conquistado a los débiles y demostrado fuerza ante sus rivales para mantener su posición en el sistema y limitar los cambios.

Los tres aspectos que describe Tucídides sobre esa guerra son tres elementos básicos del Realismo Político: 1) La Centralidad del Estado: los estados son los actores más importantes del sistema internacional. Son la unidad clave de acción; 2) La Asunción del Poder: los estados buscan poder y calculan sus intereses en términos de poder, sea como un fin o como un medio necesario para una variedad de fines; y 3) La Racionalidad: actúan de forma que es, típicamente, racional y por ello sus acciones son comprensibles a otros actores en términos racionales (Tucídides 400 AC / 1951).

Estas primicias no constituyen, por si mismas, la base de una ciencia; no establecen proposiciones que vinculen causa y efecto (Keohane 1986:7). Pero si permite crear un cuadro interpretativo para observadores de la política internacional desde los tiempos de Tucídides. Ese cuadro interpretativo que los líderes de cada nación deben tener, marca la diferencia entre estados exitosos y débiles por qué les permite definir los intereses del Estado a largo plazo en el sistema internacional, y como lograrlos. De esta forma los grupos políticos no se dedican exclusivamente a los intereses internos del país, sino están constantemente identificando las oportunidades que ofrece el sistema internacional y evitando los peligros que limitan su desarrollo.

En el Realismo existen seis principios básicos[9] que todo político debe conocer y entender:

1)   Las leyes de la naturaleza humana gobierna la política; y la naturaleza humana es dominada por la lujuria al poder y está ciega a otras preferencias.

2)   El interés se define en términos del poder. Debes tener los medios para definir y conseguir tus intereses y defenderlos *(perspectiva pesimista)*.

3)   Para entender la política mundial debes enfocarte en identificar la fuente del poder. El poder se encuentra en los estados grandes y no en las instituciones internacionales.

4)   Los principios universales, como la moralidad o ética, no se les puede aplicar a las acciones del Estado. Un Estado puede tratar de ser bueno, pero solo su poder va a determinar si tiene éxito o no. Los estados prudentes entienden cuando tienen que utilizar el poder.

5)   El poder determina la moralidad. El Realismo no reconoce que exista algún código de moralidad

---

9 Es una construcción propia y síntesis de los principios más relevantes que existen dentro del Realismo.

universal que se tenga que obedecer. El Estado debe utilizar el poder para eliminar todos los obstáculos que tenga en el Sistema. El Estado debe ignora el idealismo e internacionalismo, y debes entender que tu punto de vista le es irrelevante al mundo. El Realismo te obliga a poner los intereses de tu nación, ante todo y ver al mundo bajo esa perspectiva.

6)   El poder militar es supremo y solo existen los intereses políticos. El poder económico es relevante, pero a final de cuentas sin el poder militar no puedes defender tus intereses. El poder militar influye en muchas esferas y se puede utilizar en una variedad de formas para obliga a otros hacer cosas que normalmente no harían (Morganthau 1946, 1948; Carr 1938; Waltz 1959; Kaplan 1957; Hoffman 1959, 1965; Rosecrance 1963).

Podemos notar que las ideas principales del Realismo se enfocan sobre el poder y que el poder es y siempre será más importante que la moralidad. El interés se define por el poder, y la Política de Poder es su base. El interés nacional es definido por medio del poder: debes tener suficiente poder para proteger los intereses de tu país. Siempre se debe de pensar en términos del poder y no depender de organizaciones internacionales para defender tus intereses en el Sistema.

La Racionalidad, el Balance del Poder y Conceptos de Poder son tres elementos básicos que Hans Morganthau desarrolló para mejor entender la complejidad del sistema internacional y lo que el nombre el Realismo Político (Keohane 1986: 1-10). Estos conceptos han ayudado a modernizar el Realismo y para mejor entender las acciones de los estados en el sistema internacional. Estableciendo una de las bases de lo que hoy son las Relaciones Internacionales.

Morganthau establece tres aspectos importantes. 1) Las relaciones internacionales son fundamentalmente una lucha por el poder.. ¿Por qué?: Por la naturaleza humana. 2) El Estado no es racional; los gobiernos no son entes racionales, eso indicaría que existe o tienen preferencias[10]. El gobierno no es un ente vivo con moralidad, solo es una entidad que tiene que ser mantenida por humanos. Y 3) El Balance de Poder: la estabilidad del sistema solo se puede asegurar por medio de un Balance de Poder. Sin un Balance de Poder no hay estabilidad, y sin estabilidad habrá guerra para definir un Balance de Poder. El Balance de Poder no elimina la guerra, pero si le da estabilidad al sistema, y la estabilidad genera paz.

Además, Morganthau con sus ideas sobre el Realismo destruye el Idealismo. El revelo la gran brecha que existe entre lo ideal y el mundo real, así como la brecha entre lo moral y la realidad del poder. Morganthau argumentó que es un mito creer que el mundo es tan simple como los idealistas lo interpretan. Enfatizo que el mundo es un desorden total; que no hay causa y efecto en la política mundial; y que el Idealismo guarda un profundo optimismo sobre la naturaleza humana. Simplemente, argumenta Morganthau, que no es cierto que la moralidad esta sobre el poder. Morganthau también establece que no existen principios universales de moralidad: la paz y cooperación, lo definen los estados poderosos, y ellos determinan lo que es bueno, moral y ético. Si algún día deja de ser relevante el poder, ese será el día que el Realismo dejará de ser relevante en la política mundial.

El Realismo identifica y se enfoca en esa constante lucha por el poder que existe entre los estados, y advierte que solo es posible una paz limitada en el sistema internacional.

Neorrealismo

El Neorrealismo es Estructuralista y principalmente promovido por Kenneth Waltz, Robert Keohane, Stephen Krasner, Robert Gilpin, Robert Tucker, George Modelski

---

10 En el sentido como una persona.

y Charles Kindleberger, en los últimos 50 años. En mezcla el Realismo y Neorrealismo nos genera una herramienta poderosa para entender el pasado. Este movimiento Neorrealista es conocido por varios nombres: Realismo Moderno, Nuevo Realismo, Realismo Estructural y está basado en un modelo sistémico del escenario internacional. Esta tradición tiene sus raíces en el Realismo Clásico Europeo que es asociado con Morganthau, Niebuhr, Herz y Kissenger. Los promotores del Neorrealismo aseguran haber superado al Realismo Clásico porque argumentan haber convertido la disciplina de relaciones internacionales en algo "realmente científico": una rendición teórica, objetiva, que rompe radicalmente con sus antecesores que se veían como subjetivistas, atomistas y empíricos en su conocimiento (Ashley 1980: Keohane 1986: 257).

El Neorrealismo asegura que entiende la totalidad estructural que restringe, dispone y limita la práctica de la política. Aseguran haber llegado a un consenso sobre las categorías que definen la estructura dominante de la totalidad que se debe examina. Estas categorías no se refieren a las clases sociales, los foros o los instrumentos de la lucha de clases, sino a los estados modernos, su lucha por hegemonía, y los instrumentos y espacios que se utilizan en esa lucha (Ashley 1980: Waltz: 1964: 257).

El Realismo Estructural (Neorrealismo), formulado por Kenneth N. Waltz en su trabajo *Man, The State and War* (1959), es lo que él llama la perspectiva del "tercer imagen" y la construye sobre la presunta noción de la inequidad que existe en la raza humana y que se manifiesta en la naturaleza de la política mundial en forma de anarquía: "cada Estado sigue sus propios intereses, definidos de su propia forma, y de la manera que ellos juzgan adecuada. La fuerza es la forma en cómo se logra el fin externo del Estado porque no existe una vía o proceso confiable para reconciliar los conflictos que inevitablemente surgen entre unidades similares y en condiciones de anarquía." (Waltz 1959: 238).

En este modelo, la utilización de microeconomía es para aclarar esa racionalidad para permitirle al actor inferir sobre los actos que la estructura sistémica puede generar (Waltz 1959: 167). Por ello, es relevante entender al sistema internacional por medio de las acciones de los estados que están ligadas a la naturaleza de la estructura sistémica y no por los valores personales. Sin duda, identificar las relaciones entre ciertos aspectos del sistema y las acciones de los actores, tiene un valor estratégico. También relacionar la distribución del poder en el sistema y las acciones del actor. Pero, la característica distinta de esta teoría del Neorrealismo es que las atribuciones internas de los actores están dadas por suposición y no son tratadas como variables (Keohane 1986:165). Cambios en el comportamiento de actores y resultados sistémicos se explican, no por las variaciones entre los actores, sino por los cambios de los atributos del mismo sistema. Lo que hoy es una ventaja sistémica podría convertirse en una desventaja mañana, debido a un cambio sistémico. Una política estratégica deberá enfocarse en crear condiciones sistémicas que se traduzcan en ventajas para el Estado.

Es decir: el sistema internacional le va a ofrecer oportunidades a los estados para tener éxito. Identificar y aprovecharse de esas oportunidades es la responsabilidad de cada Estado. Los estados no pueden dictarle al sistema internacional porque ninguno, por sí mismo, tiene esa capacidad. La Alemania de Hitler trato de dictarle al sistema y fracaso. En ese intento los Estados Unidos identifico una oportunidad de transformarse en un poder hegemónico en los 40's y aprovecharon esa oportunidad antes, durante y después de la Segunda Guerra Mundial. Las condiciones sistémicas favorecieron a los Estados Unidos, pero las políticas y acciones de ese país fue lo que les permitió obtener un poder hegemónico. Por ello, es indispensable entender el sistema internacional y las oportunidades que ofrece para poder tener éxito.

Existen dos elementos constantes en la estructura internacional para el Neorrealismo: 1) el sistema internacional es anárquico[11] y no jerárquico[12], y 2) es caracterizado por interacciones entre unidades con funciones similares. A fondo, estos dos elementos representan lo que es y cómo se define el "sistema internacional" (Keohane 1986: 166).

El tercer elemento que considerar es la distribución del poder: la distribución de capacidades entre estados del sistema varea entre sistemas o a lo largo del tiempo (Keohane 1986:166). Las capacidades más relevantes son las de los más poderosos. Estructuras del sistema internacional "son definidas, no por todos los actores que tienen éxito en el sistema, sino solo por los más importantes" (Waltz 1979: 93).

El crecimiento desequilibrado genera guerras y los resultados de esas guerras son los cambios en el sistema internacional, de acuerdo con el Realismo. Pero, si consideramos que los estados más fuertes entienden esto como una realidad del sistema, entonces harán todo lo posible para que el crecimiento desigual no genere guerras; precisamente por esa razón vemos la integración que han creado los estados grandes para preservar su posición y mantener la tranquilidad del sistema, y limitar cambios en el mismo.

El nuevo Realismo americano es caracterizado por tres niveles y cada uno puede ser entendido en el contexto que los filósofos clásicos denominaron *Sustancia* o *Esencia,* es decir, el sub-estrato fundamentalmente no cambia o sus manifestaciones accidentales o fenómenos (Keohane 1986: 211: Cox). La realidad básica es: 1) la naturaleza del hombre, se puede entender en términos del pecado original

---

11 Anarquía solo se refiere a que no existe un gobierno central. Lo jerárquico no es constante.
12 Aunque existe jerarquía en la lucha entre estados, aquí la referencia es de los aspectos sistémicos constantes y no sobre la lucha entre distintos tipos de estados.

Agustino[13], o como lo describe Hobbes "el deseo perpetuo e inquieto por el poder que solo termina con la muerte" (Hobbes 16: parte 1, ch. xi); 2) la naturaleza del Estado es similar a la naturaleza del hombre en el sentido de tener el mismo tipo de fijación en la búsqueda de los intereses nacionales; y 3) la naturaleza del sistema impone límites racionales a esa búsqueda desenfrenada de los intereses de los estados, porque ellos están en una competencia constante conocida como el Balance de Poder (Cox 1972).

En términos Esenciales, según el razonamiento: el futuro siempre será como el pasado porque eso sería lo mejor para todos. Con esta lógica se mantiene la estabilidad del sistema y con eso se limitan los desequilibrios sistémicos. Concepto que se extiende a la Teoría de Juego en donde la noción de Sustancia, en el nivel de la naturaleza humana, es presentada como una racionalidad común entre los actores que compiten y valorizan los temas que están en juego; así como las alternativas en términos de los fines que pueden darse. La idea de una sola racionalidad para el sistema internacional fortalece el pensamiento humano que no ha querido entender otras formas de pensar para valorizar los temas que están en juego.

Por ello, en parte, la moralidad solo es efectiva cuando es respaldad por la fuerza, eliminando lo normativo de su estructura teórica. Reduce los problemas a las relaciones físicas del poder. Por esta razón, los actores en el sistema tienen la tendencia de pensar en los términos Neorrealistas: cuando un Estado logra un poder desproporcionado, tratara de imponer su propia forma de orden en términos morales

---

13 Un ejemplo reciente de este argumento es Stephen Krasner (1978). El intento normativo del Nuevo Realismo es una respuesta polémica al liberalismo moral. Esto también fue el caso para E.H. Carr (1946), quien ofreció una forma "científica" para pensar sobre relaciones internacionales en oposición al "utopía" de los que apoyaban la liga de naciones en Inglaterra. En establecer la base de la política de la guerra fría Dean Acheson y George Kennan reconocieron a Reinhold Niebuhr por revivir el pensamiento pesimista Agustino de la naturaleza humana que reto la visión optimista Lockeana de la cultura americana. Krasner se enfoca en el Liberalismo de Lock que él considera debilito la defensa racional de los intereses norteamericanos.

al sistema con el fin de asegurar la continuidad de su dominación.

El conflicto para los neorrealistas es una herencia de la condición humana, un factor constante que nace del aspecto natural humano en la búsqueda del poder y que toma la forma en lo política, tanto en la constante lucha por el cambio de poder entre los actores, como en un juego suma-cero[14] (Keohane 1986: Cox1981:215).

Por medio del conflicto vemos la creación de nuevas formas de interacción en el sistema internacional que generan cambios a las reglas del juego, aunque el Neorrealismo solo ve el conflicto como algo que ocurre para mantener el sistema; muy distinto al Materialismo Histórico[15] que ve el conflicto como la posible causa del cambio estructural.

El Neorrealismo ve una relación vertical del poder en el escenario histórico de rivalidades entre los más poderosos. Pero si los poderosos ven su misión en el sistema como hegemónico y no solo como dominante o dictatorial, entonces tienen que estar dispuestos a ofrecer concesiones de seguridad a los débiles, y expresar su poder y liderazgo en términos universales y valores generales que den la percepción que no solo buscan sus propios intereses (Cox 1981:219), sino los intereses de todos.

El Realismo se enfrentó al idealismo y a la revolución científica en contra del tradicionalismo, y los supero. Un aspecto del Neorrealismo define la práctica política como una lógica económica para entender el interés del poder, y no solo el aspecto político del Realismo. Reconoce (el Neorrealismo) que la racionalidad del poder no tiene que reconocer los límites del poder (Ashley 1981; Waltz 1981:258).

Interpretar al escenario político internacional como un

---

14 Teoría de Juego: lo que gana uno pierde el otro.

15 Gramsci vio ideas, políticas y economía recíprocamente relacionado entre si y unidos por lo que el llamo *blocco storico*. El "materialismo histórico" es "de una forma una reforma y desarrollo de lo hegemónico. Es filosofía libre de elementos ideológicos unilaterales, la conciencia completa de las contradicciones filosóficas" (1975:471 Cox).

orden natural es la lógica de la política mundial. Es como hoy en día se percibe el mundo de la política internacional: cada uno está en su lugar natural y nada debe cambiar. Lo que surge de esta perspectiva es una ideología que anticipa, legitima y orienta los proyectos Totalitarios[16]. En efecto, es un Estructuralismo Progresivo que reduce al escenario para darle perspectiva a la política internacional.

El Balance de Poder es un concepto esencial del Realismo. Los Neorrealista ven los procesos económicos con implicaciones profundas sobre la relación de política y poder de largo plazo. Es una de sus facultades para enfrentar los dilemas de la política-económica.

Los Neorrealistas han establecido lo que denominaron argumentos 'sistémicos,' "holístico[17]," o 'estructuralista.' La Política de Poder del Realismo que incluye conceptos de poder e interés nacional, se consolidaron para su defensa científica. Es por ello por lo que el Realismo de Poder se puedo defender científicamente contra los modernistas y las criticas radicales (Ashley 1982; Waltz 1981:263). Es un cambio revolucionario al estructuralismo que le ha permitido establecerse en el pensamiento de la política moderna. Puede entender la perspectiva Neorrealista en colaboración internacional; el papel de los regímenes en relación con la función y límites de la ideología; y sobre la dinámica de la sucesión hegemónica y el cambio sistémico. Con esta base Neorrealista se puede interpretar las acciones de los estados en términos racionales, económicos, y bajo condiciones de límites.

Wallerstein[18] formo su modelo del Sistema Moderno Mundial (SMM) en base a las atribuciones Estructuralistas del sistema (Ruggie 1983: 261-264). La preocupación de

---

16 totalitario como expresado por Hans Morganthau de proporción global: es la racionalización de la política global (Ashley 1982).

17 El holismo es la idea que todas las propiedades de un sistema dado no pueden ser determinados o explicados por las partes que los componen por si solas.

18 Immanuel Wallerstein, considera en su ensayo que no existe desarrollo del mundo, solo desarrollo del sistema mundial.

los Estructuralistas, en general, no es la práctica sino las condiciones lógicas que identifican lo relevante de la disciplina dentro de la comunidad (Ashley 1982:265). Estructura es un sistema con reglas "que no regula el comportamiento, sino genera la posibilidad de ciertas formas de comportamiento" (Ferdinand de Saussure en Bourdieu 1977: 23-24).

En términos sistémicos: se propone la prioridad de la estructura y la predominancia total del sistema sobre las acciones y las partes que lo componen" (Ollman 1976: Waltz 265). Además, las partes no tienen una identidad propia sin el sistema.

Los sistemas políticos internacionales, igual como los mercados económicos, se forman por la interacción entre sus partes individuales; son individualistas en su origen, generados espontáneamente, y es un resultado sin intención (Waltz 1979:91). Es un agregado de diversas entidades unidas por una interacción continua de acuerdo con un tipo de control (Mundell and Swoboda 1969:343; Gilpin 1981b:26: Waltz 1981:271) no establecido.

El sistema internacional es función de tres factores 1) la distribución del poder entre los estados, 2) jerárquica de prestigio entre los estados, y 3) derechos y reglas que tienen su fundamento primordialmente en el poder e intereses del grupo dominante (Gilpin 1981b:25). Los cambios en los actores sean en sus recursos o sus intereses, le dan vida a las exigencias del cambio, y entre otras cosas, a coaliciones (Ashley 1981:275).

En el Neorrealismo no existe un concepto del poder social que esté detrás de los estados o sus intereses. El poder es visto en términos de capacidades que están distribuidas entre los poderes y potencialmente utilizados entre los actores (Ashley 1981). Un Estado es poderoso porque puede afectar a otros más que ellos a él. Y no puede ser visto por medio de los resultados que genera (Waltz 1979:192). Es mejor entenderlo en términos de la capacidad militar, económica y tecnológica de un Estado; asociado con el concepto del prestigio (Gilpin 1981b: 13-14) o "poder sobre opinión" (E.H. Carr 1945).

En el orden internacional, no hay reglas, normas, esperanzas o principios mutuos antes de o independientemente a los estados, sus fines y sus capacidades (Ashley 1981). La posibilidad de establecer un orden incrementa cuando se fortalece la concentración del poder jerárquico. Krasner (1982) lo describe como "la distribución hegemónica del poder nos lleva hacia la estabilidad, hacia regímenes económicos abiertos porque parte del interés del Estado hegemónico es buscar ese tipo de política (establecedora) porque tienen los recursos para distribuir los benéficos necesarios y asegurar el funcionamiento eficaz del sistema." El orden del sistema internacional es una relación derivada de la interacción racional entre los actores.

La lucha de poder entre los estados es un proceso normal que genera el cambio ordenado y de sucesión. De esta forma, el problema *Hobbesiano* del Orden se convierte en un "principio de ordenamiento" de la política internacional. El problema de los estados "oportunistas[19]" es la legitimación de ellos ante los hegemónicos, aunque los intereses privados del hegemónico definen el bien público y sus capacidades preponderantes aseguran que se realice más "bien" (Ashley 1981) que mal en el sistema, desde su perspectiva. La inequidad tiene virtudes, entre ellos, el orden (Waltz 1979; 131-132). Ante todo, la realidad sistémica sigue siendo la misma: el poder antes del orden.

Estos modelos, teorías y condiciones construyen el escenario internacional y rigen el sistema internacional. No tener un conocimiento profundo de las bases teóricas e históricas, la realidad sistémica o de la "Esencia" o "Sustancia" del sistema internacional, es vivir ciegamente en un mundo peligroso que solo busca dominarte. La forma en

---

19 Free-Rider: los que tratan de aprovecharse del Sistema sin aportar.

que cada Estado define la realidad sistémica va a determinar cómo utiliza su capacidad para posicionarse y desarrollarse.

Teoría Sistémica

Las teorías de relaciones internaciones, de una forma u otra, se tratan de los eventos que ocurren en todos los niveles del sistema, desde lo subnacional a lo supranacional. Las teorías son reduccionistas o sistémicas, no por los asuntos que tratan, sino por la forma en que organizan esos asuntos. Las teorías reduccionistas explican los eventos internacionales como el resultado de las interacciones internas de los estados (Waltz 1986). Para los reduccionistas, el sistema internacional solo es el resultado de la interacción interna de un país y no la interacción entre países.

Una teoría reduccionista solo se preocupa por el comportamiento de las partes y no por la interacción entre las partes. Básicamente, el *Reduccionismo* elimina la necesidad de entender al Sistema. Waltz equivale esa idea a ser igual a creer que los resultados internacionales solo son la suma de las acciones de los estados por separado y el comportamiento de ellos solo se puede explicar por medio de sus acciones internas (Waltz 1986). Es decir, predicen un resultado internacional en relación a los atributos internos de un Estado, aunque, los atributos internos no sean suficiente para predecir resultados a nivel internacional, porque ese resultado depende de la situación de los actores en el sistema. Pocos pueden negar la realidad que los resultados internacionales son determinados, y no solo afectados, por la forma de interacción entre los estados. Al no ser así, implicaría que el juego de la Política de Poder o la política internacional serían transformados por los cambios internos de un país, y no por las acciones o intereses de los más poderosos.

Los Tradicionalistas enfatizan una distinción estructural entre lo domestico e internacional, una diferencia que los

Modernistas, típicamente, niegan. La diferencia entre estas perspectivas se encuentra en las políticas creadas bajo condiciones con reglas fijas y las políticas creadas en un sistema anárquico (Waltz 1986). En la ausencia de un tribunal, una fuerza policíaca, o la pluralidad de distintos centros autónomos de decisión (para mantener el orden), es en donde está el derecho de utilizar la fuerza, y el constante juego entre la guerra y paz (Aron 1976:192).

La base teórica para analizar la política internacional no está basada en términos de "¿cómo son los estados?" o "¿cómo interactúan?", sino en términos de "¿cómo son entre ellos?" Simplemente, no es posible entender la política internacional solo observando internamente a los estados (Waltz 1986). Hacer observaciones internas para entender el sistema internacional reduciría el análisis a un nivel descriptivo, y de una descripción general ninguna generalización valida se podría crear. Podemos describir lo que vemos, pero no podemos saber lo que ello realmente significa. En cada nueva observación se establecería un nuevo "variable" dándonos una infinidad de variables y a ese nivel ningún variable, o serie de variables, sería suficiente para producir un resultado que se pueda observar (Waltz 1986).

Cada Estado llega a sus propias políticas y decide sobre sus acciones de acuerdo con sus propios procesos internos. Pero, sus decisiones sistémicas están formadas por la presencia y capacidad de otros estados, así como las interacciones entre ellos. Si los resultados internacionales están directamente ligados a los cambios internos de los actores, ¿cómo se podría justificar resultados similares cuando los actores son distintos? En las dos guerras mundiales los mismos países se enfrentaron, independientemente a sus cambios internos. La textura de la política internacional es constante, creando patrones y eventos que se repiten infinitamente (Waltz 1986:53). Las relaciones que prevalecen en el sistema casi nunca cambian en tipo o calidad. Esto siempre será así, porque la competencia entre los estados que buscan transformar un sistema anárquico a uno de jerarquía los obliga actuar de esa forma. Así como el resultado de las acciones de los estados no se puede predecir sin el conocimiento de cómo ocurre esa interacción, las implicaciones de interacción tampoco se pueden predecir.

La teoría sistémica de la política internacional se trata de las fuerzas que están en juego a nivel internacional y no a nivel nacional. Una teoría sistémica no obliga o requiere de la creación de una teoría de política exterior. Teorías sistémicas son teorías que explican como la organización de un sistema se transforma ante una fuerza que limita las unidades que interactúan dentro del mismo (Von Bertalanffy 1936). Nos describe y explica esas fuerzas sistémicas que están enfrentando esas unidades. De ello, podemos inferir algunas cosas de su posible comportamiento y destino: principalmente, como van a competir y ajustarse entre ellos, si es que quieren sobrevivir y tener éxito (Waltz 1986). La misma dinámica del sistema limita la libertad de esas unidades, su comportamiento y los resultados de sus acciones se convierten en algo predecible. El posicionamiento de cada Estado dentro del sistema fue determinado por el sistema y no por su comportamiento interno.

Teoría Sistémica explica porque estados distintos se comportan de forma similar y, aunque sus variaciones entre ellos sean grandes, los resultados siempre están dentro de lo esperado. Pero, las teorías sistémicas se tienen que entender por medio de las acciones de los grandes poderes de cada época. En la política internacional, igual que en un sistema de Auto Ayuda[20], son los estados con la mayor capacidad que definen el escenario de acción para los demás, y para ellos mismos (Waltz 1986:61). La estructura sistémica es algo generado; la interacción de los actores principales le da esa

---

20 Self-help: un sistema en donde, básicamente, cada quien tiene que buscar y defender sus propios intereses.

estructura al sistema. Por esta razón sería inútil construir una teoría de política internacional utilizando como base a un país pequeño como México o Haití. El destino sistémico de todos los estados es afectado mucho más por los poderosos que por los pequeños. Aun así, enfatizo enfocarse en los poderes grandes no es perder de vista a los pequeños. La preocupación con el sistema de la política internacional obliga concentración sobre los estados que pueden generar los cambios más grandes y esa es la base de la Teoría Sistémica.

En la Teoría Sistémica, la estructura política del sistema forma parte de la explicación sobre el comportamiento y los resultados. La estructura sistémica asegura que los resultados se den dentro de un rango muy limitado de posibilidades. La estructura es una serie de límites o condiciones. Este tipo de estructura funciona como selector, pero no se puede ver, examinar o ser observado (Waltz 1986). Mercados o estructuras políticas internacionales creadas de forma libre actúan como selectores, pero no son agentes. Estructuras pueden seleccionar porque ciertos tipos de comportamiento es premiado y otros castigado, y esos resultados no pueden ser inferidos por medio de las intenciones entre los actores o por el mismo comportamiento. Estructuras limitan y moldean a los agentes y los dirigen hacia una dirección en común, aunque ellos sean diferentes o tengan distintos fines (Waltz 1986). Pero no impactan de forma directa. Estructuras no son como los agentes. Un agente actúa, pero un sistema no actúa. Pero las acciones de los agentes y agencias son afectadas por la estructura del sistema. La estructura, en sí misma, no obliga un resultado en particular. Solo afecta el comportamiento dentro de un sistema de forma indirecta. Los efectos son en dos formas: la socialización entre los actores y la competencia entre ellos. Esto ocurre en la política internacional, así como en la misma sociedad. La socialización une a miembros de un grupo y los educa sobre las normas de comportamiento. Socialización reduce la variedad (Waltz 1986:65). Cuando uno no obedece las normas, son forzados a salir o es castigado, y de esa forma se preserva la homogeneidad del grupo dentro del sistema.

Estructuras Sistémicas

Un sistema está compuesto por una estructura y por las unidades que interactúan dentro de esa estructura. La estructura es el componente del sistema que hace posible "ver" el sistema e identificarlo como una solo entidad. Para definir estructura tenemos que ignorar la interacción entre las unidades, y concentrarnos en cómo están posicionados entre ellos; lo que sería su posición sistémica. El ordenamiento de las unidades es un atributo del sistema y no de las unidades. Eliminando la personalidad de cada actor, su forma de comportarse y sus interacciones, nos permite ver lo que se llama "la posición social" (Waltz 1986:71). De esto nacen tres proposiciones: 1) la estructura puede perdurar mientras el comportamiento e interacción de los actores sea distinta; estructura es distinta a las acciones o interacciones; 2) la definición estructural aplica a esos espacios con distintas formas, siempre y cuando, el arreglo de las partes sea similar (Nadel: 104-109); 3) teorías creadas para un escenario pueden ser aplicables, con algunos ajustes, en otros escenarios (Waltz 1986:71).

La relación sistema-estructura es cíclica: Una estructura está definida por el arreglo de sus piezas y es la misma estructura que define el ordenamiento de esas piezas. La estructura no es una colección de instituciones políticas, sino el arreglo de ellas. Lo importante es entender cuál es la base de ese ordenamiento. Cambios en el ordenamiento serian cambios estructurales. La estructura y sus partes son conceptos, relacionados a, pero no idénticas con, agentes verdaderos o agencias. La estructura no es algo que podemos ver, es una construcción abstracta (Waltz 1986). Y como la estructura es un concepto abstracto, no se puede definir identificando aspectos del sistema. El sistema tiene que ser definido por el arreglo de todas sus piezas y por los principios de ese arreglo.

Principios de Ordenamiento

Las preguntas estructurales del sistema internacional se preocupan por el arreglo de las partes que conforman un sistema. Que es muy distinto a las piezas internas de un sistema, como una nación, por que las de un sistema interno son centralizadas y existe una jerarquía bien establecida. Simplemente dicho, en el sistema interno unos están obligados a obedecer y otros para dar órdenes. El orden está bien definido.

El sistema internacional es distinto. Lo estructural se enfoca sobre el arreglo de las piezas en el sistema. Las piezas de los sistemas políticos internacionales se pueden ver en términos de la coordinación de relaciones. Formalmente, todos los estados son iguales. Ninguno tiene el derecho de ordenar, y ninguno está obligado a obedecer. Sistemas internacionales son descentralizados y anárquicos porque no hay un gobierno central. Por esta razón la política internacional se describe como "política en la ausencia de gobierno" (Fox 1959:35). Existen las organizaciones internacionales, pero no tienen un poder similar a los estados y no pueden resolver asuntos sin el apoyo de los estados. Solo la iglesia durante la época de Inocente III en el Siglo XII de la época oscura hubo una institución con un poder similar a un Estado.

La definición estructural establece los principios en que el sistema esta ordenado. Estructura es un concepto de organización. La característica predominante del sistema político internacional es la falta de orden y organización. Entonces, ¿cómo es posible ver el sistema internacional con algún tipo de orden? Si la estructura es un concepto de organización, los términos de "estructura" y "anarquía" parecen tener una grave contradicción. ¿Entonces de qué estamos hablando? Si la política internacional es política en la ausencia de gobierno, buscar una estructura en el sistema internacional es enfrentarse con lo invisible; una estructura que no existe y que no está presente. Waltz (1986: p. 110) presenta el argumento de la microeconomía de Adam Smith para atender esta preocupación. El problema es ¿cómo concebir de un orden en donde no hay alguien que ordena aspectos organizacionales, y no hay una organización formal?

Primeramente, la microeconomía es referencia de cómo está construida la teoría y no sobre los asuntos que se tratan. La microeconomía describe como un orden es espontáneamente formado por los actores y sus Intereses Propios[21], así como las interacciones de individuos y unidades. De esto nacen los conceptos "unidad económica" y "el mercado"; son conceptos y no descripciones de la realidad o de algo concreto. La unidad económica, vista como el "hombre económico" que siempre está buscando la forma en maximizar su ganancia, no es algo real y por supuesto que no existe.

El mercado es individualista en origen, generado espontáneamente y sin intención. El mercado surge por la actividad de las unidades quienes buscan satisfacer sus propios intereses que ellos mismos han definido de su propia forma, y no buscan establecer un orden. La unidad actúa por sí misma. De esa actividad, similar a la de unidades, emerge la estructura que afecta y limita a esas unidades, dándole vida a un "mercado." Ya que se establece el mercado, se convierte en su propia potencia que ninguna de las unidades, o actos individuales, o en pequeños grupos, pueden controlar. De esta forma, las unidades que le dieron vida al mercado se convierten en las criaturas del mercado (Waltz 1986:83). Aquí se demuestra, gracias a Smith, como el autointerés,

---

21 Self Interest: auto interés; egoístas. Buscar intereses propios, ante todo.

acciones basadas en avaricia, pueden crear resultados que le beneficien a la sociedad, siempre y cuando exista la libertad política y social para generar las condiciones de la competencia libre.

Sistemas políticos internacionales, como los mercados, están formados por las acciones egoístas de las unidades. La estructura de un sistema político internacional emerge de la coexistencia de estados. La vida o muerte de esas unidades, su prosperidad, éxito o fracaso, solo depende de ellos. El principio de *"auto apoyo"* mantiene y forma el sistema. La política internacional es un espacio adonde todo se vale. Estructuralmente, es similar a una economía de mercado por ese principio del *auto apoyo*. La motivación del Estado es asumida y no realmente descrita, porque se supone que todos los estados quieren sobrevivir.

Estabilidad Hegemónica

La Teoría de Estabilidad Hegemónica como la establece Charles Kindleberger (1973) requiere de la existencia de un poder hegemónico, o dominante, para mantener una economía mundial abierta y liberal. La estructura del poder hegemónico, dominado por un Estado, son las mejores para el desarrollo de fuertes regímenes internacionales con reglas precisas que se obedecen (Keohane 1980). El poder hegemónico debe tener la voluntad y capacidad para establecer o mantener las normas y reglas de un orden económico liberal. No se está argumentando que una economía mundial liberal no podría existir sin un poder hegemónico, solo que una economía liberal mundial en particular no podría lograr su potencialidad sin la presencia de un poder hegemónico. Pero el poder debe estar comprometido con los valores liberales del orden internacional (Ruggie 1982). Sin el compromiso a los valores liberales, un poder imperial podría establecer graves límites para los estados pequeños, así como se dio en la Unión Soviética (Gilpin1987:72). Además, deber existir una congruencia con el fin social que apoye al sistema liberal por medio de otros estados poderosos (Ruggie 1982). Por medio del poderoso, tres condiciones deben establecerse en el sistema: 1) Hegemonía, 2) Ideología Liberal, e 3) Intereses en común para que emerge y expande el sistema liberal de mercado. Pero, si la hegemonía no tiene lo que Gramsci llama la Ideología Hegemónica no tendrá el apoyo de los otros poderes (Keohane 1984). Y si los otros poderes ven que el hegemónico solo está persiguiendo intereses propios que los perjudican, el sistema se debilitara.

Un mercado abierto constituye un bien público (Olson 1965). La teoría asume que un sistema liberal económico no se puede sostener por sí mismo, sino tiene que ser mantenido a través de las acciones de una economía dominante (Frey 1984). La economía dominante tiene múltiples responsabilidades para mantienen en operación la economía mundial: crear regímenes internacionales para establecer normas y reglas para prevenir que hagan trampa o existan abusos (Krasner 1982). Es, y funciona como, un poder estabilizador que asegura el funcionamiento del sistema económico internacional (Kindleberger 1981). Sin ese poder estabilizador, la economía mundial liberal seria inestable y el libre intercambio comercial sería controlado por el nacionalismo económico (Keohane 1984).

El hegemónico debe tener poder económico. Debe controlar las materias primas, controlar las fuentes del capital, control sobre los mercados, y ventajas competitivas en la producción de bienes altamente valorados (Keohane 1984). El hegemónico mantiene el liderazgo de las economías controlando capital financiero, ciertas tecnologías y los recursos naturales. El tamaño relativo del mercado del hegemónico es igual una fuente de poder y genera la creación de una esfera de influencia; y para influir sobre otros, les abre sus mercados a estados "amigos" y se los cierra a los que no son amigos, o a los que van en contra del orden sistémico.

El Carácter de las Unidades

Los estados son las unidades del sistema político internacional. Las unidades se mantendrán similares, siempre y cuando se mantenga la anarquía (Waltz 1986:87). Las estructuras internacionales solo cambian o varean por un ajuste en el principio de ordenamiento, o por las variaciones en las capacidades de las unidades.

Los estados nunca han sido los únicos actores internaciones. Pero las estructuras de los sistemas no son definidas por todos los actores, sino solo por los actores más grandes o importantes. Para definir la estructura del sistema no es necesario identificar todo ello que este adentro del sistema, sino solo lo más relevante. En el sistema internacional se tiene que determinar cuáles unidades son realmente partes importantes del sistema, así como en un mercado que es controlado por solo dos empresas. Esas dos son las que determinan la interacción de ese mercado; las acciones de los demás están definidos en términos de esas dos empresas. Igual que los economistas definen el mercado en términos de empresas, la estructura del sistema político internacional se define en términos de estados. La teoría de la política internacional se trata de inequidad porque así es la naturaleza de la política internacional. Y la estructura del sistema internacional será definida en términos de los actores importantes. Ese acertamiento teórico nace de la practica (Waltz 1986:89).

Los estados son las unidades y sus interacciones forman la estructura del sistema político internacional y así será, porque los estados casi nunca mueren. En describir a un Estado como una unidad es igual a decir que todos los estados son similares, pero en el sentido que son políticamente autónomas; solo ahí se encuentra la similitud. Que, a final de cuentas, solo es otra forma de decir que son soberanos. Pero en un sistema de estados soberanos, ningún Estado es soberano (M.G. Smith 1966). El concepto de un Estado soberano no se puede interpretar como un Estado que tiene la libertad de hacer y actuar de la forma que quiera. Ser soberano no significa ser libre de la influencia de otros estados, o que este libres para hacer y conseguir lo que quieran. Un Estado soberano puede estar bajo presión para actuar de una forma que no quiere, y estar limitado en hacer las cosas que realmente quiere hacer. La soberanía nunca ha protegido a los estados de las influencias de otros estados. Ser soberano y ser dependiente no son condiciones contradictorias, de hecho, son distinciones sin diferencias. Estados soberanos no viven vidas libres y fáciles solo por ser soberanos. Ser soberano es poder decidir libremente para sí mismo como va a atender problemas y obligaciones internos y externos, incluyendo buscar o no alianzas que pueden limitar aún más su libertad por los compromisos que han adquirido (Waltz 1986).

Distribución de Capacidad

Las unidades en un sistema jerárquico están relacionadas de tal forma que son definidas por sus "funciones diferenciadas" y por el nivel de sus capacidades (Waltz 1979:92). Las unidades en este sistema son funcionalmente similares. Las unidades dentro de este orden, por lo tanto, son diferenciadas primordialmente por su alta o baja capacidad para realizar tareas similares. Con cambios en la estructura de este sistema cambian las expectativas sobre las unidades y su comportamiento, así como la esperanza sobre los resultados que se anticipan (Waltz 1982).

La capacidad, o el poder, nos dice algo sobre la unidad dentro del sistema: sabemos que nos define la estructura, en parte, pero son los atributos de esas unidades que nos dan el contenido mínimo de un concepto casi totalmente abstracto, porque nos permite establecer un parámetro de relación entre las unidades. El poder es la base del ordenamiento del sistema, y en base a eso cada estado tiene su lugar en el sistema en términos de su poder.

El poder se determina comparando las capacidades de las unidades, y aunque la capacidad es un atributo de la unidad, la distribución de esas capacidades no lo es. La distribución de capacidades no es un atributo, sino un concepto sistémico (Keohane 1980).

La relación que se establece en la agrupación de unidades nos revela algunos aspectos sobre posicionamiento en el sistema. La tarea es identificar el estatus entre las unidades en base a las alianzas que forman. Estas relaciones que se forman y desvanecen dentro del sistema no son alteraciones estructurales que marcan cambios de un sistema a otro. Las alianzas se dan dentro del mismo sistema. Una alianza que transformara al sistema de unipolar a bipolar, eso sí sería un cambio sistémico. El único atributo que importa en el sistema internacional es la capacidad de la unidad; es lo que distingue a las unidades en el sistema. La ideología interna o su forma de gobierno no es elemento de preocupación para definir la estructura del sistema internacional. Cualidades no importan, capacidades sí. En la construcción abstracta del sistema, lo único que importa son las capacidades del Estado.

Lo que emerge en esta construcción es una imagen de posicionamiento, una descripción general del ordenamiento de una sociedad constituida en términos de la posición de las unidades y no en términos de sus cualidades (Waltz 1959). En base a Waltz, los dos elementos esenciales de la Teoría Sistémica en política internacional son la estructura del sistema y las unidades que interactúan dentro del mismo. Lo más importante para considerar es la capacidad para identificar cual es el aspecto sistémico que afecta a las unidades y olvidarnos del impacto sistémico que generan las unidades.

Es importante poder ver el sistema de tal forma que nos permite identificar como les afecta a las unidades. Bajo esta consideración, el sistema no se ve como en el Modelo1 que sugiere que N 1,2,3 son estados que internamente están generando efectos externos; y X 1,2,3 son estados actuando externamente e interactuando entre sí. En este modelo, no se identifica una fuerza o factor sistémico.

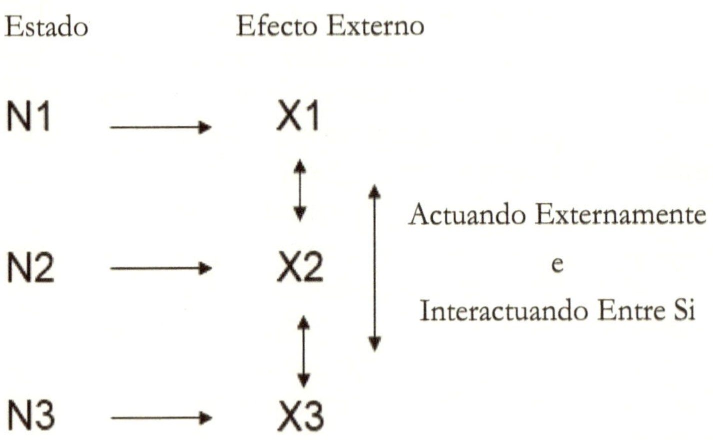

Modelo 1: Waltz 1986.

Para este trabajo, el sistema político internacional se ve como el Modelo 2, porque los efectos sistémicos están presentes y son evidentes. El círculo representa la estructura de un sistema político internacional, y como las flechas indican, afectan las interacciones de los estados y sus atributos[22]. Aunque los estados mantienen su autonomía, cada uno se define en relación con los demás y forman un tipo de orden. Es por esta razón que los poderes utilizan la palabra "organización", es para describir esta condición pre-institucional ya que una organización sería un límite para el sistema, tal como lo considera W. Ross Ashby (1956:131).

---

22 Lo esencial está presente en este modelo. Algunas complicaciones se han omitido. El modelo completo incluye a coaliciones que se formarían por el lado derecho.

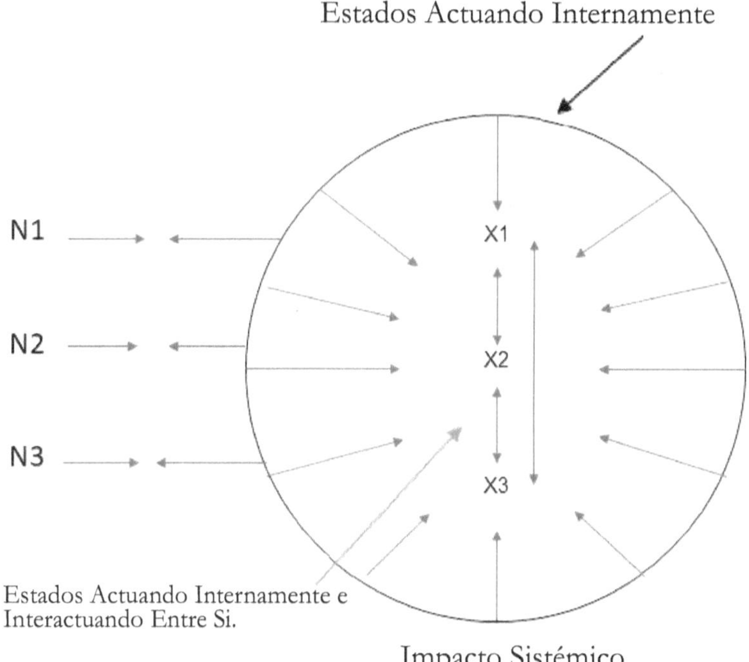

Modelo 2: Waltz 1986.

Definir estructura de esta forma resuelve el problema de separar cambios a nivel de unidad y cambios a nivel de sistema (Waltz 1968:95). Por esta razón, uno debe poder distinguir entre cambios de sistemas y cambios dentro del sistema. La siguiente definición de Waltz sobre estructura permite distinguir entre estos tipos de cambio. Estructuras se definen: 1) de acuerdo con los principios en que se ordena el sistema. Sistemas se transforman si uno de los principios de ordenamiento reemplaza a otro. Cambiar de lo anárquico a la jerarquía es moverse de un sistema a otro; 2) se definen por las específicas funciones de las distintas unidades. Sistemas jerárquicos cambiarían sus funciones si se definieran o distribuyeran de una forma nueva. En los sistemas jerárquicos, el aspecto de Cambio Sistémico, en la segunda parte de la definición, se elimina porque el sistema está compuesto por unidades similares; 3) la distribución de capacidades entre las unidades: cambios en esta distribución serian cambios de sistema, sea de un sistema anárquico a uno jerárquico (Waltz 1982).

Teoría Crítica

La teoría crítica de acuerdo con Robert Cox (1981) es crítica en el sentido que se aparta del orden que prevalece en el mundo y pregunta: ¿cómo ha llegado ese orden? Teoría Critica, diferente a la Teoría para Resolver Problemas,[23] no descarta instituciones o relaciones sociales de poder, sino cuestiona sus orígenes y si están o podrían estar en un proceso de cambio. Se dirige hacia la valoración de los mecanismos de acción (Cox 1981). La Teoría Crítica está dirigida a la estructura política y social en su conjunto, y no a las partes individuales. El enfoque principal es un aspecto de la actividad humana. Esto nos lleva a construir una imagen de la totalidad para entender los procesos del cambio en donde la parte y la totalidad están involucradas.

La Teoría Crítica es una teoría de la historia en el sentido que se preocupa, no solo con el pasado, sino con ese proceso constante del cambio. Y como se enfoca sobre una realidad que está cambiando, la Teoría Critica ajusta constantemente sus conceptos de acuerdo con el objeto de que trata de entender y explicar (E.P. Thompson 1978:231-242). Se permite una opción normativa a favor de un orden social y político diferente al orden existente, pero limita el rango de opciones a órdenes alternativos que son transformaciones viables del mundo actual. Un objetivo principal de esta teoría es poder definir un rango de posibles alternativas. Tiene que rechazar alternativas improbables, así como la permanencia del orden actual (Cox 1981). De esta forma, la Teoría Crítica puede ser una guía para la acción estratégica

---

23 Problem-solving theory: Cox 1981; essay "Social Forces, states and World Orders: Beyond IR Theory.

para impulsar un orden alternativo. La Teoría Critica no es una guía para la acción táctica que mantiene o sostiene el orden actual. Es una teoría para un escenario en donde las relaciones de poder están inciertas y por ello se requiere de una capacidad para poder identificar las oportunidades y riesgos del cambio. Es, principalmente en esta investigación, una teoría social basada sobre la crítica de la conducción humana en la sociedad política. En parte toma la ideología de Marx para identificar la división social del capitalismo: En este trabajo, es referencia a la sociedad de estados en el sistema internacional.

Teorías de la Política Económica Internacional

La complejidad de la política-económica internacional requiere que los líderes políticos de cada nación le presten una atención detallada a todas las teorías que forman parte de esta disciplina. Solo de esa forma podrán asegurar que las políticas y acciones que implementen realmente impulsen ventajas sistémicas, así como asegurar no ser dominados por las potencias económicas mundiales que nunca van a dejar de tratar de controlar la economía mundial para mantener su dominio sobre el sistema.

La política económica es mucho más que la creación y aplicación de políticas públicas. En México, por ejemplo, podríamos argumentar que la política económica se hace de dos formas: 1) por la elite política; el presidente y sus más cercanos colaboradores para determinar de forma arbitraria lo que ellos consideran relevante. Todo detalle de método y argumento es reducido a metas generales para la preservación del poder; es decir, políticas y acciones para conservar el poder dentro del sistema interno. 2) por medio de la presión de organismos internacionales avanzando los intereses estratégicos de los Estados Unidos o de los países más poderosos del sistema. Estas dos formas ignoran la complejidad de las interacciones microeconómicas de la nación y la compleja relación entre el Estado y el mercado interno.

Como disciplina, la política-económica no tiene una solo definición. Existen volúmenes sobre lo que es y debe ser. La disciplina ha evolucionado desde los días de Adam Smith y los economistas clásicos. Lo que ellos llamaron política-económica en su época, hoy en día sería una definición de la ciencia de economía (Gilpin 1987:8). El término "política económica" en si es un término ambiguo. Los académicos Gary Becker, Anthony Downs y Bruno Frey lo han definido como la "aplicación de una metodología a la economía formal", o "el modelo del actor racional aplicado a todo tipo de actividad humana." Otros hacen referencia a la aplicación de una teoría económica como herramienta para explicar la actividad social; por ejemplo, Teoría de Juego, Acción Colectiva, o teorías Marxistas, como tres ejemplos (Gilpin 1987:8). Aun otros, se enfocan a una serie de preguntas generadas por la interacción de las actividades económicas y políticas que podrían ser investigadas con cualquier teoría o metodología disponible (Tooze 1984).

Los conceptos, variables y relaciones informales son excluidos en los análisis de la política económica, pero son factores que esta investigación trata de incorporar. De hecho, los factores políticos y los factores no económicos son frecuentemente excluidos del análisis de la política económica. Lo que se requiere es una metodología unificada o una teoría de la política económica que entiende los procesos del cambio social, incluyendo como interactúa lo social, económico y lo político dentro de una sociedad (Gilpin 1987). Este aspecto interno se extiende al sistema internacional y ambos aspectos contribuyen para definir acción y entender límites. El Estado está obligado atender ambos niveles si espera tener éxito en el sistema internacional.

En el mundo moderno, estas preguntas se han generado por la interacción que se da entre el Estado y el mercado, las dos formas más cercanas a las condiciones ideales de la economía y el estado político. Las preguntas que generan reflexiones sobre estas relaciones básicas son: 1) ¿Cómo afecta el Estado y sus procesos políticos a la producción y distribución de la riqueza? Y en particular, 2) ¿Cómo influyen las decisiones políticas en la ubicación de la actividad económica, la distribución de costos y los beneficios de estas actividades? Y de la misma forma se pregunta sobre los impactos en el mercado, las fuerzas económicas, la distribución de poder, y la relación entre los estados y otros actores políticos en el sistema internacional. Estas mismas fuerzas de interacción alteran la distribución del poder militar y político en el sistema internacional. Ni el Estado, ni el mercado son primeros; las relaciones causales son interactivas y cíclicas. Por esa razón, es más relevante enfocarse sobre la interacción de las distintas formas del ordenamiento y organización de la actividad humana: el Estado y el mercado (Gilpin 1987:9).

Esta relación, mercado-estado, será entendida como: "la existencia paralela e interacción mutua del Estado y el mercado en el mundo moderno" (Gilpin 1987), así como la consecuencia lógica de decisiones racionales por medio del gobierno que toma en cuenta todos los elementos del sistema político interno e internacional. La política económica no podría existir sin el Estado o el mercado. Esto revela que existe un conocimiento del Estado sobre el tema de intercambio, asuntos monetarios, y que el desarrollo económico requiere de la integración de una visión teórica en lo económico y ciencia política (Gilpin 1987). Es común que se analicen las políticas de tal forma que implica que se podrían separar las esferas de lo económico y lo político. Esta formulación no es moderna, viene desde los trabajos de George Hegel en *Philosophy of Right* (1945[1821] 9) adonde hace una distinción critica entre el Estado y la sociedad (economía). Un aspecto de este trabajo (capitulo 2 y 3) tratar de entender como los mecanismos del Estado y el mercado, que distribuyen los productos y los recursos, afectan y producen el posicionamiento internacional. El Estado influye profundamente en los resultados de la actividad económica porque determina la naturaleza y distribución de los derechos de propiedad, así como las reglas que gobiernan la actividad económica (Gerth and Mills, 1949, pp.181-82). El mismo mercado es una fuente de poder que influye sobre los resultados del escenario político. La dependencia económica establece una relación de poder que es un aspecto fundamental de la economía mundial. Históricamente, la tensión entre estas dos formas que son fundamentalmente diferente en como ordenan las relaciones humanas, han profundamente afectado la dirección de la historia moderna y constituye el problema crucial en la investigación de la política económica. La búsqueda del poder y la riqueza como una interacción dinámica y reciproca es una de las formas que se define la política económica, y aunque la preocupación está enfocada en los efectos de la relación política y economía, aquí el enfoque esta sobre los resultados relacionados con los objetivos de esa actividad.

Por ello, tenemos que ver la política económica como la existencia paralela e interacción mutua del Estado y la economía del mundo moderno. Actuar bajo la idea que ambas disciplinas son distintas solo va a llevar a un país a la derrota en el escenario internacional. El sistema internacional opera bajo modelos y filosofías muy estrictas, y si los actores importantes operan bajo esas ideologías o modelos, entonces para poder entender cada acción y poder interpretar el escenario y obtener ventajas, todos los países están obligados a entender y actuar bajo las ideologías que lo rigen, y no pueden ignorarlas o no entender como impactan al sistema. Es importante mencionar que la teoría económica liberal separa lo político de lo económico de forma teórica: en términos reales y para esta investigación, tal separación no existe.

El sistema de mercado se ha convertido en el factor más relevante en darle forma a la sociedad moderna. La competencia y las reacciones de los actores económicos a los cambios de precios han impulsado a la sociedad hacía una especialización y eficiencia, y a la eventual unificación económica del mundo, según como lo prescriben las teorías del Liberalismo y el Marxismo. Marx observo que el mercado o el sistema capitalista era un cambio revolucionario en la historia mundial y argumento que las culturas tradicionales y las fronteras políticas serán derrumbadas hacía la integración de las capacidades productivas del mundo (Anthony Brewer 1980).

La interacción del mercado, en un escenario con variables externos, afecta la operación de este y la estructura de la sociedad. La estructura política a los niveles nacionales e internacional, entre otros factores como la capacidad científica, representan oportunidades o limitaciones que afectan los actores económicos. Entender como los factores del mercado y los factores externos interactúan es esencial para comprender el dinamismo de la política económica internacional.

Tres teorías que identifican como emerge, se expande y cómo funciona la política económica internacional, así como el ordenamiento del sistema internacional, son el Dualismo, el Sistema Moderno Mundial, y la Estabilidad Hegemónica. Estas teorías son utilizadas en esta investigación para construir un modelo estratégico del sistema internacional.

El Dualismo, que viene principalmente del Liberalismo, ve la evolución del mercado como una reacción al deseo universal de incrementar la eficiencia y maximizar riqueza; El Sistema Moderno Mundial (SMM), con una influencia Marxista, ve el mercado mundial como un mecanismo de explotación de los países subdesarrollados para el avance de las economías capitalistas; La teoría de la Estabilidad

Hegemónica, relacionada con el Realismo político, interpreta el crecimiento y operación de la economía mundial en términos de los poderes liberales dominantes del sistema.

Estas teorías y modelos, aunque se contradicen en muchos aspectos, también se complementan y nos aportan perspectiva para entender la dinámica y funcionamiento del sistema político-económico internacional, y como cada Estado obtiene su lugar en el sistema internacional.

Teoría del Dualismo de la Política Económica

La teoría de la Economía Dual, o Dualismo, acierta que cada economía, nacional o internacional, se debe analizar en términos de dos sectores independientes: un moderno caracterizado por el alto nivel de eficiencia productiva e integración económica, y un sector tradicional caracterizado por un modo retrasado de producción y de autosuficiencia (Gilpin 1987:66). El proceso de desarrollo económico involucra la incorporación y transformación del sector tradicional al moderno por medio de la modernización de lo económico, social y estructura política. La integración mundial, mercados e instituciones, es la consecuencia del movimiento de las fuerzas económicas hacia niveles más altos de eficiencia económica e interdependencia mundial. El individualismo, racionalidad económica y maximizar el comportamiento, elimina valores antiguos y costumbres sociales. De esto nace la economía de mercado, un resultado natural de las fuerzas económicas.

El Dualismo ve la economía moderna mundial como la evolución y expansión del modo de producción y la incorporación de nuevas áreas a la economía internacional, y no algo que nació repentinamente en el siglo XVI por medio de los poderes europeos capitalistas (Gilpin 1987:67). El sector moderno fue reemplazando gradualmente a esos sectores atrasados en lo que la sociedad se fue adoptando al nuevo modo económico del mercado. La fuerza principal detrás de este proceso es lo económico, organizacional y tecnológico; incluye la innovación de nuevos productos y técnicas de producción, la apertura de nuevos mercados y fuentes de materias primas y nuevas formas de organizar y manejar la actividad económica (Schumpeter 1950). El énfasis del Dualismo es la tendencia por mantener la separación del Centro y la Periferia, y especialmente el aislamiento económico de la mayoría de la Periferia. Por ello, la teoría del Dualismo se presenta como un mito, y así pueden ocultarle al tercer mundo la verdadera razón de su retraso (Gilpin 1987:69). El mito describe que la modernización e integración representan la base del desarrollo: pero en realidad, esas acciones nunca van a generar el desarrollo del tercer mundo, sino hacerlo dependiente y mantenerlo subdesarrollado en la periferia del sistema.

Teoría del Sistema Moderno Mundial

La teoría del Sistema Moderno Mundial (SMM) ve la historia y operación de la política económica internacional como un solo sistema estructural que solo "contiene la división de la mano de obra con múltiples sistemas culturales" (Wallerstein 1974b:390). El aspecto sistémico revela el detalle más importante de la teoría, porque ve al sistema internacional integrado y moderno. Aspectos que refuerzan la idea que nada en el sistema internacional, o en la política económica internacional, es improvisado o dejado al capricho del destino. Todo opera de acuerdo con una serie de leyes económicas e intereses hegemónicos en una estructura sistémica.

El SMM, aunque no es promovido por los Marxistas, está sentado sobre el concepto Marxista de Realidad Social (Michalet 1982) porque acepta la premisa que la esfera económica, la lucha de clases sobre lo político, y conflictos de grupo son determinantes en el comportamiento humano. La lucha aquí se da entre los estados por una jerarquía en el sistema internacional y no en una lucha de clases como en el Marxismo clásico. El enfoque no es sobre esa lucha social, sino es sobre el capitalismo como un fenómeno mundial; aunque el Marxismo clásico ve la economía mundial como el impulsor del desarrollo, aunque desequilibrado, evolucionando hacia la integración global. La teoría SMM asume que ya está unificado el sistema económico mundial y está compuesto por una jerarquía dominada por el estatus de los estados y unidos por las fuerzas económicas que generan el subdesarrollo por toda la periferia (Gilpin 1987:68). El modelo del SMM no ve un desarrollo total del sistema internacional, como lo propone el Marxismo, solo ve que los países de la periferia seguirán siendo explotados por el mismo sistema capitalista, así como dominado y controlado por los países del centro. Los estados y los mercados de las economías liberales derivan de las fuerzas fundamentales económicas y sociales. No son actores independientes, son las consecuencias del conjunto peculiar de unas ideas, instituciones y capacidades (Cox 1981). Para poder entender el sistema de la política económica internacional primero se debe entender la naturaleza y dinámica de esa realidad básica del Sistema Moderno Mundial.

Entender esta realidad básica del SMM nos permitirá comprender el sistema económico internacional de tal forma que podemos ver las oportunidades y consecuencias de la política económica que aplican los países subdesarrollados. El escenario que enfrentan es un escenario que requiere de una respuesta estratégica dirigida a los distintos niveles de acción, que son: A) el orden del sistema internacional, B) el lugar del Estado en el sistema internacional, y C) la realidad nacional. Contextualizar lo anterior es el primer paso para crear la política estratégica para enfrentar el sistema. En esencia, es la base de la acción sistémica.

La interacción y funcionamiento integral de un Centro dominante y una Periferia dependiente es la base de esta teoría. Estos dos elementos interactúan de una forma íntegra (Giersche 1984:107). Y como el Dualismo ve que el Centro avanzado y la Periferia tradicional están ligeramente unidos en una relación beneficiosa, el SMM los ve como una sola pieza porque son los mismos mecanismos que generan la acumulación del capital y desarrollo en el Centro, que generan el subdesarrollo político y económico en la Periferia.[24] En su forma original esta teoría proponía que el Centro desarrollaría a la Periferia, pero hoy en día ven que la Periferia está muy limitada por su relación con el Centro, y consideran que la causa real del subdesarrollo es la relación que existe entre los sectores tradicionales y modernos del sistema económico. Tal como el Dualismo propone la separación de los sectores mencionados para poder generar un desarrollo moderno de ambos sectores, el primer paso es eliminar los valores y características obsoletas. El modelo SMM, argumenta Andre Gunder Frank (1969), solo desarrolla al subdesarrollo. La integración integral de redes comerciales entre los sectores avanzados y retrasados nos llevan hacia el "desarrollo del subdesarrollo" (Frank 1969). De acuerdo con Andre Gunder Frank, el desarrollo y el subdesarrollo solo son lados opuestos de la misma moneda.

La riqueza del Centro surge de la Periferia porque el Centro explota los recursos de la Periferia. Y por ello, el subdesarrollo solo es otro lado de la misma moneda. La Periferia, sin acceso a sus propios recursos y por la explotación que introduce y mantiene el Centro en la estructura económica (Frank 1969:9), está condenada a un subdesarrollo   permanente.

De acuerdo con esto, la economía internacional funciona para distorsionar las economías de la Periferia. La división internacional de la mano de obra impone estructuras de clase y estructuras de estados que limitan el crecimiento y desarrollo de los países subdesarrollados. Son los factores externos del

24 La formulación de Centro/Periferia esta propuesta desde los principios del siglo 19 por Johann Heinrich von Thünen.

Estado y no los internos que son los responsables por la creación de estados débiles y dependientes (Gilpin 1987).

Esta realidad del sistema económico internacional limita las posibilidades de los estados de la Periferia: cada vez que crece la economía internacional se va a requerir de un esfuerzo aún más grande y revolucionario para escaparse de las fuerzas del mercado internacional que están en su contra y lo mantienen subdesarrollado. Todo sistema internacional de política y economía, aunque propone un desarrollo, realmente solo busca preservar el sistema de anarquía y jerarquía para el beneficio de los intereses del Centro.

Para Wallerstein (1974), el Balance de Poder Europeo fue necesario para que pueda surgir el SMM. Antes de la formalización del sistema político de estados en Europa, el sistema internacional se caracterizaba por imperios mundiales. La acumulación de capital y la inversión productiva en estos sistemas imperiales eran sin beneficio porque él superávit económico era absorbido por las burocracias (Gilpin 70). Como el mercado nunca pudo escaparse del control político de los imperios, el comercio y el capitalismo nunca pudieron lograr su potencial para generar riqueza y transformar a la sociedad. Con el surgimiento de estados, las fuerzas del mercado pudieron escaparse del control político para libremente transformar la economía mundial de acuerdo con su propia lógica de mercado. La teoría considera que la interacción del comercio internacional y la inversión son los mecanismos fundamentales para perpetuar esos mecanismos estructurales. Esa estructura se define por una sola división mundial capitalista de la mano de obra. La eficiente organización mundial de producción es caracterizada por la especialización regional basada en distintas formas de control sobre la mano de obra (Wallerstein 1974). La economía mundial es una estructura de estados desiguales que mantiene esa división internacional de la mano de obra y es responsable por la acumulación de riqueza en algunos estados capitalistas, así como por el ciclo de retraso y subdesarrollo en los demás (Gilpin 1987:70).

Existen tres componentes en esta división de la mano de obra: el Centro, la Semi-periferia, y la Periferia. Los estados del Centro se especializan en manufactura, la Periferia en la producción de materia prima y la Semi-periferia esta entre los dos. Esta estructura del capitalismo moderno se ha mantenido básicamente igual durante siglos. El componente del sistema, sus relaciones entre ellos, y sus características internas y sociales están determinadas por el sistema en general (Wallerstein 1974b). No existe el desarrollo nacional que sea ajeno al Sistema Moderno Mundial.

El posicionamiento original de cada Estado en este sistema determina si es "duro" o "blando". Los estados duros pueden resistir fuerzas externas del mercado y canalizarlas para su ventaja y pueden eficientemente manejar su propia economía; los blandos están a la piedad de esas fuerzas de mercado y no controlan sus asuntos económicos (Gilpin 1987:71).

Conclusiones

En base a las distintas teorías y modelos del sistema internacional se establecieron estos tres parámetros de análisis para el desarrollo de esta investigación cualitativa. 1) El sistema internacional. Se observan los ajustes y el posicionamiento sistémico de los estados más poderosos. Se observan las acciones dentro del sistema con posibilidades de generar un impacto. Claro la implicación es gigantesca y no se puede observar todo. Lo que sí se puede observar son las acciones de los poderes que están luchando para mantener su posición sistémica, la dimensión del Balance de Poder, y países que buscan mejorar su posición sistémica. 2) Los poderes del sistema. En este caso solo había 5 poderes principales que luchaban por el control del sistema. Las interacciones entre ellos son indispensables para establecer la base de acciones estratégicas en el sistema. Poder entender la implicación de una alianza estratégica entre dos poderes revela que existe una capacidad estratégica interna y es herramienta para crear políticas de respuesta a esos cambios importantes dentro del sistema. Igual, revela que un Estado entiende las implicaciones de las acciones sistémicas de los grandes. 3) México. Serán sus políticas y acciones que se observan en comparación al sistema y los poderes, con el fin de identificar sus objetivos sistémicos, el impacto sistémico, y el nivel de conocimiento sistémico.

La colección de datos tiene un objetivo muy claro: obtener información detallada sobre el sistema internacional para reconstruir las realidades sistémicas que los países poderosos enfrentaban y para darle contexto a las políticas y acciones de México en un entorno sistémico.

Con toda la información recaudada, se realizó un protocolo para categorizar los casos y acciones de los poderes, y después se codificaron de acuerdo a la metodología de la Teoría Anclada. De esa forma se pudo recrear la vida cotidiana sistémica de los países que enfrentaban el Balance de Poder.

Debido al carácter cualitativo del estudio y las teorías de información obtenidas, no es posible tener una representación estadística de la muestra. Además, no se requiere en este tipo de colección de datos (Strauss & Corbin, 1998). Pero, si es necesario haber obtenido casos que cubran un rango amplio de variables y posibles combinaciones. Además, de acuerdo con Kaufmann, se puede modificar la forma en que se realiza la búsqueda (Kaufmann 2004, 44).

---------- DOS

La Realidad Sistémica

Las políticas públicas no pueden ser creadas bajo la primicia que el actual sistema internacional favorece el desarrollo mexicano. El subdesarrollo de México puede ser más por limitaciones sistémicas que por la ineptitud política interna y esa posibilidad nos obliga establecer un nuevo paradigma para interpretar el Sistema y cómo actuar dentro del mismo. Sin un nuevo paradigma propio, países como México están obligados a interpretar el mundo y el Sistema de la forma que los poderes lo han definido: lleno de oportunidades para todos quienes obedecen las reglas y aplican los modelos económicos neoliberales. En 50 años de trabajo de los organismos internacionales casi 95% de los programas de desarrollo han fracasado (Escobar 1995), generando más pobreza en los países del mundo, incluyendo en los del Centro. El modelo neoliberal, siendo la base económica de casi todos esos programas, fortaleció la estructura sistémica del Centro y Periferia[25] en la economía mundial para mantener la ventaja de los países del centro.

Tenemos que desafiar nuestro conocimiento básico sobre el sistema internacional y sobre la vía para el desarrollo económico. El camino al desarrollo que los países industrializados le han puesto al mundo de la periferia es un camino a la explotación permanente y al fracaso endémico. Los países de la periferia deben ver al sistema internacional de forma estratégica, un desafío, y no como la solución a sus

---

25 Centro y periferia: Teoría del Sistema Moderno Mundial. Paul Baran (1967), Emmanual Wallerstein (1874), y Andre Gunder Frank (1969) son tres de los teóricos más prominentes de la disciplina.

problemas económicos.

Existe la necesidad de nuevos paradigmas para interpretar el sistema internacional y para formular acción política en relación a esas nuevas interpretaciones. Se tiene que buscar un camino que incorpore la Realidad Sistémica y provocar una constante transformación del sistema internacional. Sin una herramienta intelectual para mejorar el conocimiento sistémico, no es posible atender o entender lo que realmente está limitando el desarrollo de países en la periferia como México; sea en el pasado o presente.

Hoy en día no existe un esfuerzo intelectual o teórico para interpretar el subdesarrollo mexicano en términos sistémicos o para aprovecharse de las oportunidades sistémicas que pudieran existir. Además, y lo más importante, no existe pensamiento serio sobre como impulsar cambios en el sistema internacional para el beneficio de México. Esta investigación busca tomar un paso hacia esa dirección para entender el subdesarrollo desde una perspectiva sistémica para el beneficio de México. Igualmente, se busca presentar la realidad del Realismo Político y su impacto en el sistema internacional en un contexto que fácilmente se pueda interpretar para evaluar las acciones de México durante la época de estudio. Su valor puede ser útil, no solo como una línea de investigación académica, sino como apoyo intelectual para una nueva generación de líderes mexicanos que buscan crear un verdadero futuro para México.

En México es evidente que existe una grave necesidad de pensamiento crítico, análisis abstracto e investigación que explora la condición sistémica del país, porque la perspectiva de la pequeña nación simplemente no es tomada en cuenta en el sistema internacional. La mayoría de los investigadores en el mundo buscan identificar teorías para predecir el cambio o buscar valides en las teorías clásicas en un mundo moderno. Todos los grandes logros en teoría internacional no consideran al pequeño país como factor, sino como un elemento del sistema que tiene poco valor por sí mismo. Además, el pequeño Estado está obligado seguir modelos políticos y económicos que imponen los grandes poderes para tener derecho al "desarrollo". No seguir dichos modelos implica no poder participar en el sistema económico internacional. Esas fuerzas sistémicas convierten al pequeño Estado en un mantenido del Sistema sin la capacidad propia de poder definir su futuro y crear su propio destino económico.

La búsqueda de nuevas opciones para el desarrollo no se puede dejar a los académicos de los grandes países, porque ellos no tienen interés en la perspectiva del mundo subdesarrollado. En donde ellos ven orden y oportunidad, muchos ven imposición y límites. Considero que es vital retomar la investigación sistémica desde la perspectiva de los estados pequeños para darle pluralidad a las teorías sistémicas que existen, y buscar nuevas formas de resolver el subdesarrollo en el sistema internacional. Principalmente para el beneficio de Norteamérica, porque un México fuerte y desarrollado es una ventaja para los Estados Unidos y todos los retos estratégicos que va enfrentar en este siglo.

La Realidad Sistémica

La Realidad Sistémica no es algo que todos puedan percibir. Requiere de un conocimiento profundo del sistema internacional, de las teorías que lo dominan, y una capacidad para analizar las políticas y acciones que afectan al sistema, no solo para entender el escenario, sino para poder predecir esas acciones que impacten al sistema y poder actuar de forma premeditada. Si un Estado no tiene la capacidad para darle claridad a un mundo peligroso, siempre estará reaccionado a la Realidad Sistémica y nunca podrá actuar anticipadamente para sacarle ventaja a esa incertidumbre.

La Realidad Sistémica es básicamente una interpretación de las condiciones del sistema internacional. Las políticas y acciones de los poderosos deben ser filtradas con las distintas teorías que dominan el sistema internacional. Lo podemos ver como una guía que nos va a permitir entender e identificar los intereses que buscan los poderosos para desarrollar políticas y acciones que van a generar oportunidades en el sistema internacional. No todos los estados van a llegar a las mismas conclusiones, pero si les va a permitir prepararse a la realidad que ellos perciben. Lo importante de su interpretación es tener una percepción lógica de la Realidad Sistémica, sin esa claridad cada política y acción del Estado está caminando en la oscuridad; no sabes adonde estas y no sabes adónde vas.

Las observaciones de la Realidad Sistémica que se presentan en este trabajo inician en el año 1815. Se considera, que en ese año inicio la época moderna del sistema internacional, es decir el juego moderno de la Política de Poder. Estas observaciones son un recuento histórico de las obligaciones sistémicas, los intereses y obligaciones externas que se ignoraban o no se entendían, y las políticas y acciones que los países implementaron para atender esas obligaciones sistémicas. El recuento sirve para demostrar lo complicado y peligroso que es el entorno internacional, y los problemas estratégicos que se generan en la lucha por el poder. El proceso de análisis de la Realidad Sistémica sirve para identificar las políticas y acciones estratégicas basadas en el Realismo Político, y eso se enfatiza en este capítulo. El recuento histórico desde una perspectiva realista nos dará el contexto para entender cómo se debe actuar para preservar los intereses del Estado a nivel internacional. El recuento está dividido por los distintitos términos que describen la Realidad Sistémica desde la perspectiva interna que generaba la interpretación Realista.

Entre 1815 hasta 1934 la batalla moderna del poder se convirtió cada vez más compleja por los impactos sistémicos de las acciones estratégica de los poderes. Prueba clara de que cada política y acción estaba diseñada para fortalecer estratégicamente los intereses del Estado en el sistema y no eran políticas reactivas que solo trataban de atender un nuevo problema que enfrentaba el país.

La Realidad Sistémica de esa época se categoriza en seis principales áreas que enfatizan aspectos relevantes de la realidad percibida: 1) La Incertidumbre; 2) Darwinismo Social; 3) El Nuevo Imperialismo; 4) La Paz Relativa; 5) La Rivalidad Sistémica; y 6) La Tolerancia. En gran parte los conflictos de esta época se dieron por las complicaciones relacionadas con la percepción de la realidad en relación con las colonias, el acceso a ellas y el Balance de Poder.

La Europa moderna conoció 80 años de paz entre 1814 y 1914. Fue la época de paz más larga que los poderes habían conocido entre ellos. Las guerras que surgieron entre 1854-1871 fueron muy limitadas, tanto en sus fines como en su carácter. Claro, sí existía el constante peligro de guerra entre ellos, pero las naciones europeas pudieron evitarla durante muchos años.

Esa paz relativa se dio por varias razones sistémicas. Primero, el Acuerdo de Paz en Viena de 1814-1815[26]. Aunque la paz que surgió fue casi por accidente, el sistema se mantuvo relativamente tranquilo hasta 1854. Francia, por su parte, no estaba totalmente de acuerdo con el Acuerdo de Viena y mucho menos con la paz que resulto. Los ministros de Borbón[27] buscaban formas para expandir el imperio francés, aunque dichas políticas iban a generar más inestabilidad. Pero, como Francia aún estaban muy débil y sus enemigos muy unidos, arriesgarse en ese momento no les hubiera generado algún beneficio y decidieron mantenerse tranquilos y esperar una oportunidad sistémica.

Segundo, el poder y riqueza de la Gran Bretaña contribuyo a mantener esa paz relativa; así como las alianzas

---

26 Congreso de Viena de 1814 - 1815, por el que se redefinieron las fronteras de Europa tras la derrota del ejército de Napoleón Bonaparte. Tratado de Viena (1864), en el que el Imperio austrohúngaro, Prusia y Dinamarca pactaron el fin de la guerra de los Ducados.
27 Ministros de Borbón: funcionarios del imperio francés.

continentales e intereses entre los poderes; el frecuente aislamiento de Francia; el limitado protagonismo imperial de Prusia y Austria por miedo de provocar una crisis económica; el temor a la guerra de las monarquías europeas también fue un factor de gran importancia, porque no querían provocar disturbios revolucionarios similares a los de los 1790's y la caída de las monarquías. Existían un gran número de razones poderosas para evitar la guerra, especialmente antes de 1854 porque ningún país tenía la voluntad de provocar una guerra, ya que el Balance de Poder era aceptable, y por esas razones se pudo mantener una paz relativa.

La situación fue muy distinta después de 1871, y mucho más compleja. Alemania había acumulado mucho poder y solo por esa realidad el Balance de 1854 ya no se iba poder mantener. Durante los años previos a 1871 ningún poder tenía la voluntad, ni la fuerza, para retar el *Estatus Quo* europeo hasta que Alemania empezó a demostrar su capacidad de generar incertidumbre y voluntad de retar el Balance de Poder.

Incertidumbre

La controversia alrededor del origen de la Guerra de Crimea de 1854 es un testimonio a la incertidumbre y confusión que llevo a los poderes al conflicto. La incertidumbre, y en la forma en que se interpreta, genera inseguridad y obligo a los países actuar de forma preventiva.

El secretario británico Palmerston[28] nunca recibió el apoyo necesario para empujar a Rusia hacia el Este de forma permanente y librar a los británicos de ese peligro. Su objetivo fue tratar de limitar a Rusia en las fronteras que había ocupado a medianos del siglo XVIII, y obligándolos a retroceder hacia el Este. En no poder realizar dicho

28 Henry John Temple, 3.er vizconde de Palmerston KG GCV PC, también conocido como Lord Palmerston o simplemente como Henry Temple (Westminster, 20 de octubre de 1784 – Brocket Hall, Hertfordshire, 18 de octubre de 1865), fue un político británico que ocupó el cargo de Primer Ministro del Reino Unido a mediados del siglo XIX durante dos ocasiones 1855–1858 y 1859–1865.

objetivo, los rusos, solo por su presencia en esos territorios, representaban una amenaza para los británicos. Esa presencia de los rusos obligo a los británicos entender su Realidad Sistémica en términos de un ataque eminente.

Aún más relevante para la incertidumbre de esa época fue el fracaso de los Habsburgo[29] y Romanov[30] por no poder revivir su alianza estratégica después del año 1856 previo a la guerra, lo que le facilito a Cavour[31], Napoleón III[32] y Bismarck[33] continuar con sus políticas imperialistas que perjudicaban a Austria. Eso, en cambio, facilito y tal vez acelero, la alianza Italia-Alemania (C.J. Bartlett 1984:5). Además, la Guerra de Crimea dio la impresión de que una guerra no tenía por qué perjudicar a los poderes existentes o el orden sistémico como muchos habían pensado. Por ese tipo de pensamiento, los poderes ya no veían un peligro sistémico, y continuaron arriesgándose y empujando los límites de la tolerancia. Pensando que su lugar en el sistema estaba asegurado y creyendo que la incertidumbre era una condición que ya se había superado, es la razón por que empezaron a actuar sin cautela. Esa interpretación sistémica guiaba las acciones de esos países.

Parece que Cavour, Napoleón III y Bismarck operaron bajo la primicia que una política exterior vigorosa, que contemplaba la guerra limitada, los podría proteger, y a la vez mejorar su posicionamiento interno (C.J. Bartlett 1984). El posicionamiento interno representaba la mayor preocupación de estos líderes, y no la cuestión sistémica. La política exterior de Bismarck entre 1863 y 1871 fue profundamente influenciada por sus deseos de preservar una Prusia de ascendencia protestante, aristocrática y monárquica. La política exterior de Cavour, compleja y desviada, se debía a

29 Familia Real de Austria.

30 Dinastía Romanov establecida en Moscú entre el siglo XVII al XX

31 Benso Camillo, Conde de Cavour: político y estadista de la Italia anterior a la unificación

32 Carlos Luis Napoleón Bonaparte: único presidente de la Segunda República Francesa en 1848: Segundo emperador de los franceses en 1852.

33 Otto van Bismark Schonhausen: Ministro-Presidente de Prusia 1862-1873; Canciller alemán   1871-1890.

su determinación de prevenir una Italia republicana.

Después de la guerra Franco-Prusia de 1870-71, la *Comuna de Paris*[34] fue un recordatorio de que las fuerzas revolucionarias podrían surgir en cualquier momento por la confusión que generaba un conflicto internacional. Fue por ello que Bismark, después de 1871, se lo menciono a los poderes de Viena y San Petersburgo para que entendieran las ventajas de mantener la paz. Hasta el mismo General Helmut von Moltke le advirtió al Reichstag[35] sobre los peligros revolucionarios que podían surgir durante la guerra cuando las emociones de las masas son dominantes (Bridge 1972:164). Para los poderes de esta época, las preocupaciones internas imperialistas estaban al frente de sus prioridades, y no los asuntos sistémicos. Al ignorar los peligros sistémicos se genera una inestabilidad que los estados no pudieron percibir, y poco a poco los poderes perdían el control de la estabilidad y se acercaban a la guerra.

La amenaza de guerra por un desequilibrio sistémico estaba presente desde el fin de la guerra civil estadounidense en 1865 y el inicio de la guerra Franco-Prusia de 1870. Pero ningún poder lo había visto de esa forma. La preocupación interna limito la capacidad de los poderes entender lo que realmente estaba pasando en el sistema y poder atenderlo. Algunos países desarrollaron estrategias importantes para atender ese peligro (Howard 1968: 456), pero en general, los países poderosos no percibieron ese peligro sistémico por estar enfocados en sus ambiciones imperialistas.

Esas estrategias imperialistas se enfocaron en atacar y defender, pero ninguna en estabilizar el sistema. Las estrategias de Alemania y Prusia establecieron el modelo moderno para la guerra: realizar grandes ataques para ganar batallas en los primeros días o meses de una guerra. Esta nueva forma de guerra obligo la creación de grandes ejércitos

---

34 Comuna de Paris: gobierno popular y federativo que gobierno Paris del 18 de Marzo al 28 de mayo de 1871

35 Reichstag: Parlamento alemán

diseñados especialmente para realizar golpes mortales en el tiempo más corto posible; el trabajo de preparación bélica era lo más importante de este modelo de guerra. Este nuevo modelo de guerra fue uno de los factores más relevantes que transformo al sistema internacional después de 1871; lo transformo a uno de gran incertidumbre e inseguridad porque el peligro de guerra siempre estaba latente. La nueva capacidad de poder atacar repentinamente genero la percepción de una inseguridad permanente.

Bajo esas condiciones, cualquier conflicto era visto en sus máximas dimensiones: la guerra. Cada Estado estaba viviendo bajo ese constante peligro y eso estaba generando una tensión sistémica. La naturaleza del sistema se estaba transformando a uno de guerras limitadas entre todos los poderes, dejando atrás las guerras limitadas entre algunos rivales. Sin duda, la naturaleza de guerra ya había cambiado radicalmente, y eso tuvo grandes implicaciones para el sistema por la incertidumbre que estaba generando y un peligro de guerra mucho más real que antes.

Para atender esta nueva incertidumbre de guerra en el sistema, todos los poderes empezaron a incrementaron radicalmente su inversión en su capacidad militar, algo que solo fortaleció la incertidumbre que trataban de reducir. La inversión en armamento solo logro darle vida a una nueva carrera armamentista en Europa e incrementar las tenciones entre los poderes. Para el año 1897 la capacidad militar de todos los poderes había incrementado de tal forma que el Balance de Poder ya estaba en un grave peligro. Los alemanes triplicaron su número de soldados a 3.4 millones; Francia se duplico a 3.5 millones de soldados; Austria-Hungría llego hasta los 2.6 millones de efectivos; y Rusia hasta los 4 millones. Rusia y Alemania incrementaron su gasto militar en un 80%; Francia y la Gran Bretaña por casi 45%; y Austria-Hungría un 20%. Los rusos y austriacos estaban muy conscientes de la presión económica que estos gastos implicaban porque la guerra entre Rusia y Turquía, dos décadas antes en 1877, fue devastadora financieramente, y no querían volver a cometer los mismos errores económicos y abrirse a los graves peligros de la inseguridad sistémica. Es importante mencionar que uno tiene que ser muy cauteloso en no exagerar la rivalidad entre estos poderes depuse de año 1871, porque en comparación con esa misma rivalidad de los poderes entre 1815-1854, los británicos se encontraron en una competencia naval con los rusos en la década de 1830, y luego con los franceses en los 1840, y esas rivalidades imperialistas tienden a despertar ambiciones exageradas de su capacidad para conquistar nuevos territorios y darle vida a acciones militares que solo desestabilizan al sistema.

El nuevo modelo de guerra y el enfoque interno de los estados genero un cambio básico en los atributos de los estados que cambio la naturaleza del sistema. Un cambio que incremento la incertidumbre porque ahora todos los estados se estaban enfrentando en la búsqueda de expandir sus imperios. En estos momentos los movimientos de paz empiezan a tomar fuerza internamente en algunos países, así como serios esfuerzos para fortalecer el alcance del derecho internacional. Aunque pocos compartían la fe de Gladstone[36] y el alcance del *Concierto de Europa*[37] para mantener la paz, sea por conferencias internacionales o interacción diplomática, la mayoría solo estaban dispuestos a utilizar el *Concierto* para fines muy simples con intereses muy propios y no para un bienestar general. Pero, a final de cuentas, fue el enfoque interno que gano y permitió que la incertidumbre impulsara una nueva guerra armamentista entre todos los poderes y desestabilizar el sistema. Todos los poderes perdieron vista del contexto sistémico de sus acciones y se enfocaron en atender los intereses y ambiciones internas de cada país, e ignorar las consecuencias.

No obstante, si se buscaron formas más ordenadas

36 William Ewart Gladstone: político liberal británico. Primer ministro del Reino Unido.
37 Congreso de Viena: 1814-1860

estableciendo leyes internacionales para humanizar la guerra y reducir la violencia que ya estaba fuera de control. Un ejemplo de la violencia era los ataques sobre barcos civiles de carga que eran derrumbados indiscriminadamente en aguas neutrales solo por querer afectar los intereses económicos de otros; pueblos costeros eran atacados sin piedad, sin previo aviso, sin importar el daño a la vida humana, y sin objetivo claro alguno. La vida humana tenía poco valor hasta este momento y los intentos de estas leyes internacionales era darle valor y respeto a la vida humana.

En la Conferencia de Paz en la Haga de 1899 un Almirante Británico insistía que el poder es el derecho y que no tenía sentido humanizar la guerra. Básicamente, argumentaba que todo tipo de violencia era válida. En contraste, Colmar von der Goltz en su muy conocido trabajo *Das Volk im Waffen* (1883) argumenta de la supremacía de lo político sobre lo militar en una guerra, así como lo había argumento Clausewitz[38]. Argumentos y perspectivas sin audiencia en una Europa anacrónica, armada, imperialista y agresiva[39].

Sin duda existían intereses dentro de los poderes que estaban buscando la forma de reducir la incertidumbre, y los argumentos de Clausewitz apoyaban a los estados en darle atención a los asuntos sistémicos que se estaban ignorando, y por consecuencia llevándolos a un enfrentamiento sistémico. A final de cuentas, los intereses imperialistas tomaron mayor relevancia que los intereses sistémicos porque los resultados y beneficios eran mucho más claros que los sistémicos y se utilizó todo tipo de argumento para justificar el uso del poder.

Darwinismo Social: La Justificación del Poder

A medianos del siglo XIX el argumento de expansión era el tema en toda Europa y se basaban en las teorías de *Sobrevivencia de los Más Fuertes* de Charles

---

38 Karl von Clausewitz: *On War*. 1853

39 Pero los argumentos de Clausewitz sobre la supremacía política en ediciones Alemanes eran alteradas o su significado alterado.

Darwin[40]. Argumentaban que existía una "tendencia natural" de expansión de la gente culta a costo de los que estaban retrocediendo o simplemente atrasados (C.J. Bartlett 1984). Pero, en realidad muy poca gente había leído las teorías de Darwin y desconocían lo que realmente se argumentaba en su obra. Aun así, las teorías de Darwin eran explotadas como prueba científica de la inevitable y deseable rivalidad entre los grandes poderes para justificar la expansión. Lo que resulto fue una mezcla del trabajo de Darwin con otras ideas imperialistas y le dio vida a lo que se dominó el Darwinismo Social. El desarrollo de esta pseudociencia solo fue para darle justificación ética a las acciones bélicas. En Alemania el Darwinismo Social se mezcló con otras tendencias intelectuales para promover el respeto al Estado, el poder del Estado y la eficiencia (Koch 1972). Pero Hegel[41] surgió y se posicionó como el proponente más relevante de esta pseudociencia. Hegel había interpretado la historia como un proceso que revelaba un propósito divino. Así como Grecia y Roma dominaron el en pasado, Hegel argumentaba que el futuro era de Alemania.

La experiencia que había tenido Alemania y Prusia en siglo XVIII parecía confirmar que en el siglo XIX la fuerza era el juez final y se confirmó el triunfo de esa ideología despiadada del uso del poder de Bismarck y Moltke[42] en la década de 1860. Aun así, uno no puede ignorar que existían argumentos de todo tipo para la expansión en Europa y muchos creían que la gente más avanzada tenía el derecho de crecer y expandir, conquistando a esos pueblos menos desarrollados y civilizados. Esta idea liberal sobre el uso del poder era el contorno imperialista que seguía creciendo a fines del siglo XIX, y la dirección ideológica adonde se dirigían los grandes poderes.

---

40 Charles Robert Darwin: naturalista/autor: El Origen de las Especies por medio de la Selección Natural, 1859.

41 G.W.F Hagel: filósofo alemán. 1770-1831

42 Helmuth Karl Bernhard Graf von Moltke 1800-1891: fue un alemán cuyo genio militar ayudó a convertir a Prusia en el Estado hegemónico en Alemania.

La nueva justificación del uso del poder, la incertidumbre, inseguridad y la guerra armamentista, eran realidades sistémicas que los estados no estaban contextualizado en su política internacional. Para ellos, los intereses internos eran más relevantes, y el único enfoque era crecer y conquistar sin tomar en cuenta desestabilidad sistémica que estaban generando.

En el año 1864, Gorchakov[43], el Canciller Ruso, en referencia a su expansión asiática, veía la fuerza como una necesidad del Estado y no como una vil ambición. Argumento similar al de Sir John Malcolm[44] en 1815 en relación a las acciones británicas en la India. El Darwinismo Social avanzo mucho en el entorno imperialista y se fue fortaleciendo durante toda la segunda mitad del siglo XIX. Max Weber[45] llego a describir esto como *"la lucha sin fin entre culturas autónomas."* Esta dejaba claro que las relaciones internacionales no se trataban de moralidad, sino de poder. Solo la brutalidad del poder sería el factor decisivo en la lucha por mercados nuevos (C.J. Bartlett). Este tipo de pensamiento era muy común en toda Europa, pero más entre los intelectuales alemanes. Para finales del siglo XIX, este tipo de pensamiento ya había llegado a los Estados Unidos para justificar sus intereses en el mundo, y limitar los intereses europeos en el continente americano. Pero, eran los británicos, con el fin de asegurar sus intereses en África y Asia, que seguía siendo el poder que más aplicaba esa ideología. Siempre aplicando acciones despiadadas para asegurar sus intereses imperialistas.

Ni siquiera el idealista Gladstone pudo contra la ideología imperialista y tuvo que renunciar su cargo en 1894 por el conflicto interno que se dio con sus colegas del gabinete porque ellos querían mantener un programa de expansión

---

43 Alexander M. Gorchakov: estadista ruso, diplomático 1798-1883
44 El Mayor General Sir John Malcolm GCB, KLS (2 de mayo de 1769 - 30 de mayo de 1833) fue un soldado escocés, diplomático, administrador de la India, estadista e historiador.
45 Max Weber: Sociólogo Alemán 1864-1920.

naval. Claramente el escenario de la ambición imperialista no se podía ignorar en el mundo y no tardaba que los conflictos europeos eventualmente iban a involucrar a los Estados Unidos y el resto del continente americano. Sin duda, los poderes europeos iban a llevar sus conflictos imperialistas a las américas buscando el control de esos mercados y rutas internacionales. Eso era una realidad, porque los intereses imperialistas dominaban la política interna de los países europeos y eso solo aumentaba la inestabilidad sistémica, y una guerra entre todos los poderes para mantener o reestablecer un Balance de Poder sin ventaja absoluta de nadie era una consecuencia lógica de esos intereses imperialistas.

En toda Europa, para contrarrestar este peligro, cada país estableció alianzas militares para calmar los temores de inseguridad. Pero, lo único que se estaba logrando con cada acuerdo era la inestabilidad sistémica porque cada alianza representaba un peligro para los países que no estaban en ese acuerdo. Sin entenderlo en su momento, eso era un círculo vicioso que no le daba seguridad a nadie. Cada política y acción de seguridad solo incrementaba la inseguridad y el peligro de guerra. El Darwinismo Social fue, en gran parte, el responsable de la inseguridad sistémica solo porque justificaba el uso del poder en cualquier situación. Esa nueva realidad sistémica la tenía presente todos los poderes, y la utilizaban para justificar la expansión de sus fuerzas armadas con el fin de implementar su visión del nuevo imperialismo, sin importarles las consecuencias o impacto al sistema.

El Nuevo Imperialismo

El nuevo imperialismo fue impresionante y caracterizado por la expansión colonial europea. El enfoque interno de los poderes continuaba transformando la naturaleza del sistema y la del Estado, impulsada por la expansión a cualquier costo y que solo incrementaba la intensidad de rivalidad entre todos los poderes. Para finales del siglo XIX, estos imperialistas europeos lograron conquistar 16,093,440 de kilómetros cuadradas de nuevo territorio, y tenían una décima parte de la población mundial bajo su control. Los europeos estaban intoxicados con la colonización del mundo y buscaban expandirse hacia los imperios otomano y chino. El nuevo imperialismo solo era la última fase de la expansión europea que había iniciado en el siglo XV. La rivalidad colonial anglo-francés llego a su primer enfrentamiento a mediados del siglo XVIII y parecía llegar a un nuevo conflicto en el siglo XIX. La posible renovación de esa rivalidad, motivada por el nuevo imperialismo, parecía probable durante la era Napoleónica. Pero, aunque continuaba la competencia anglo-francés, la nueva realidad para el imperio británico los estaba enfrentando poco a poco con todos los poderes europeos y arriesgarse en un conflicto le abría la puerta de oportunidad a otros rivales.

La rivalidad más peligros era la anglo-rusa en partes de Asia, lo que se llegó a llamar el *"gran juego."* Inicio a los fines de los 1820s en Persia, Afganistán y Asia Central, y continúo durante todo ese siglo. Siempre se pudo controlar y nunca hubo conflictos armados, pero si justificó la expansión de ambos imperios. La supuesta amenaza rusa en la India preparo el camino para la intervención en Persia y Afganistán. Aunque la amenaza rusa parecía más un pretexto que la causa verdadera de la expansión británica en la India. En realidad, había demasiado territorio inaccesible entre los imperios asiáticos, rusos y británicos en esa parte del mundo para que fuera una verdadera rivalidad, pero la llegada del ferrocarril incremento la posibilidad de transformar esa rivalidad de pequeños enfrentamientos armados y juegos de intriga a una de un conflicto directo.

Así como la Guerra de Crimea lo había demostrado, existían problemas complicados entre los británicos y los rusos que seguían sin resolver. Alejandro II y sus asesores en San Petersburgo sentían la presión para fortalecer sus posiciones en Asia para contrarrestar el peligro de su gran enemigo británico después de la Guerra de Crimea. Un avance hacia Asia podría ser muy lento, pero representaba un valor político-militar en contra de la Bretaña (Kazemazdeh 1968) que los rusos no podían dejar pasar.

Sin sorpresa, las diferencias anglo-ruso en el Oriente Cercano entre 1875-78 tuvieron repercusiones en Afganistán. Salisbury, el canciller británico en la India, no considero esa amenaza rusa muy relevante en el subcontinente, pero si tenía el interés de eliminar la influencia ellos en esa zona para eliminar posibles conflictos. Pero las agresiones de Lord Lytton, el nuevo Virrey, en Afganistán eran mucho más de lo que se esperaba de los británicos en Kabul. Lo cual obligo al Emir buscar el apoyo de Rusia para contrarrestar el impacto británico en su país y provocando la segunda guerra Afgana-Rusa-Británica entre 1878-79.

Fue tan grande el peligro y la incertidumbre entre Rusia y Bretaña en 1879 que Salisbury considero la posibilidad de repartir Afganistán entre ambos poderes y establecer una frontera que se respete para tranquilizar la situación. Pero, ninguno de los poderes tenía el interés de eliminar a un país que servía como barda de contención entre ellos. El poder de influencia que ambos querían ejercer dentro de ese territorio fue la raíz de ese conflicto y la crisis se resolvió temporalmente cuando surge una figura dominante en Kabul que mantuvo un control del territorio que nadie se esperaba. Aun así, los conflictos por los límites territoriales continuaron hasta 1885 y casi llegaron a una tercera guerra. La Oficina de Guerra británica concluyo que, en caso de un nuevo enfrentamiento en esa zona, ya no tenían suficientes efectivos para pelear contra los rusos, y lo único que iban a poder lograr era realizar un ataque sorpresa por el Mar Negro y por esa razón ya no continuo el conflicto en esa zona. En ese mismo año de 1885 los británicos se enfrentaron con la realidad de que los Estrechos Turcos se les habían cerrado.

Alemania y Austria-Hungría se aliaron al esfuerzo de Rusia y juntos ejercieron su influencia sobre Constantinopla (Kazemazdeh 1968), cerrándoles a los británicos opciones en esa zona.

Aun peor para los británicos era que los franceses y rusos se estaban acercando a sus intereses en Egipto en 1896 y eso les obligo enfocarse en el norte de África, y no en los Estrechos, como clave para su estrategia en esa región del mundo. Esto implicaba que los británicos tendrían que enfrentar cualquier reto ruso proveniente de Asia Central con acciones desde el Golfo Pérsico y la frontera Norte-Occidental de la India. La construcción de los ferrocarriles rusos en Asia Central incrementó los temores de los británicos, porque ya era posible movilizadas y abastecer grandes fuerzas rusas rápidamente para amenazar los intereses británicos en la India. La vulnerabilidad de la India era el problema más grave para los británicos desde que había surgido el peligro naval alemán en 1886 (Bourne and Watt). El peligro para los británicos no era una invasión rusa a la India, sino el posible peligro ruso hacia Persia o Afganistán, porque los británicos estarían obligados a mover tantas tropas de la India que podría facilitar un levantamiento nacionalista en contra del Raj[46] y sus intereses en ese país. Los británicos estarían entre dos fuegos sin opciones pacíficas y por casi 20 años trataron este problema sin alguna solución definitiva. Además, también se preocupaban por los intereses rusos en Constantinopla y sus avances en China. La rivalidad anglo-rusa ya se estaba dando por toda la periferia asiática y la realidad de ese enfrentamiento era mucho más antigua y complejo que la competencia imperialista a fines del siglo XIX. A fondo estaban las realidades y condiciones del sistema que los estaba enfrentando nuevamente para resolver esos pendientes históricos sistémicos.

Si las acciones de los británicos solo eran para preservar

---

46 El término Raj se refiere a la administración colonial británica del subcontinente de la India.

los intereses ya establecidos en las rutas de la India hacía el Oriente, la propuesta de Lord Carnarvon[47], el Secretario Colonial, de que debiera existir una Doctrina Monroe para África dejo claro que los fines eran exclusivamente imperialistas en la tradición más pura del imperialismo. Aunque la invasión de Egipto en 1882 ya había confirmado esas ambiciones, igual que la toma de Birmania Alta y el resto de Indo-China por los Franceses en 1885, la declaración de Carnarvon solo confirmo formalmente los verdaderos intereses que esos poderes tenían en la región.

La importancia de Egipto crecía más y más para los británicos porque dudaban de su capacidad de retar a los rusos en los Estrechos de Turquía. Para 1895-96 los británicos tenían que controlar el Nilo Alto para mantener su control de Egipto y Salisbury estaba preparando actuar de forma decisiva para defender los intereses de su imperio contra sus rivales imperiales. La conquista en el Sudan le dio luz a un enfrentamiento dramático contra la expedición francesa bajo Marchand en Fashoda en 1898, lo que genero el susto más grande de una posible guerra entre estos poderes (aún más que las crisis sobre Marruecos en 1905 y 1911). La posición estratégica que representaba Egipto para el imperio británico fue lo que obligo a Salisbury contemplar la guerra para defender su colonia. La prioridad imperialista era clara, porque el poder mundial de la Gran Bretaña dependía del control del Nilo al Suez, y perder esa área tenía graves implicaciones para el poder británico en todo el mundo. La ambición de solo enfocarse en mantener su poder imperial e ignorar la estabilidad sistémica, incremento la inseguridad y la rivalidad sistémica.

Gracias al imperialismo, durante casi todo el siglo XIX hubo una carrera armamentista y una paz relativa. En ese momento, la paz solo se podía asegurar por la expansión,

---

47 George Edward Stanhope Molyneux Herbert, quinto conde de Carnarvon 1866-1923; normalmente llamado Lord Carnarvon, fue un aristócrata inglés conocido por ser el financiero de la excavación de la tumba del faraón Tutankamón en el Valle de los Reyes.

y la expansión requería de una capacidad de ejercer un poder militar. Las estrategias se enfocaban en conservar las colonias y territorios, y en base a ello se generaron las acciones estratégicas en contra de los otros grandes poderes. Simplemente, el mundo se estaba repartiendo y las políticas internas solo generaban un ciclo vicioso que estaba llevando a todos a un enfrentamiento por la ciega ambición de los intereses internos.

Los intelectuales alemanes, franceses y británicos argumentaban a favor de la expansión porque ellos creían que los estados pequeños no tenían futuro. Solo estados grandes como Rusia y los Estados Unidos tenían futuro. Ellos veían la partición del mundo como algo inevitable y necesario. La motivación imperialista se mantenía gracias a la gran rivalidad entre todos los grandes poderes. Parecía que la competencia entre los europeos había creado líneas de falla que en cualquier momento podían desestabilizar al sistema (C.J. Bartlett 1984). Las líneas corrían desde Constantinopla a Afganistán; la ruta Suez-Mar Rojo y el Nilo. El mundo, en gran parte, realmente estaba dividido entre estos poderes. Los británicos tenían claros sus intereses y actuaron bajo esa primicia. Aunque el enfoque no era sistémico, si buscaban mantenerse al frente del sistema, así como los otros países buscaban quitarles a los británicos esa posición hegemónica.

Weltpolitik Alemán

Mucho se ha escrito sobre la estrategia alemana y su visión imperialista, inclusive se ha dicho que fue por esa política que "hizo la guerra mundial casi inevitable", y obligo a Rusia, Francia y a la Gran Bretaña unirse (Kehr 1977:38) en contra de ellos. En realidad, eso podrá ser una exageración porque el *Weltpolitik*[48] practicado por Bretaña, Rusia, Francia y Japón tuvo mucho más impacto sobre las

---

48 Weltpolitik: Con el término alemán Multtpolitik (*Política mundial*) se denomina a la estrategia que fue adoptada en Alemania a finales del siglo XIX por el emperador Guillermo II, reemplazando así a la Realpolitik.

relaciones sistémicas entre 1897-1904 que las acciones alemanas. Además, en los años 1905-07, Alemania aun solo era un actor entre varios. Pero, su política parecía querer generar cambios en el sistema y en el Balance, porque su poder y capacidad industrial los transformo en un blanco de los grandes poderes. Alemania entendió la situación sistémica y su Política de Poder era clara y con fines sistémicos bien definidos. Ellos sin duda entendían el contexto de todas sus acciones y lo que pasaba a su alrededor.

Fue en 1896 que el Káiser Wilhelm II oficialmente proclamo la intención alemana por *Weltpolitik,* lo que representaba una nueva visión imperialista. El historiador Golo Mann describe la intención imperialista de Alemania como "irracional, gobernada por política y sicología, y no por intereses económicos racionales" (Mann 1968). Pero también existe el argumento que solo fue una condición de la política interna en su intento de crear unidad social en las clases medias y derrotar al socialismo, y por supuesto, fortalecer el régimen del Estado. Uno puede buscar una variedad de interpretaciones sobre Alemania a fines de los 1890s para describir sus políticas y acciones sin llegar a una conclusión definitiva.

Philipp zu Eulenburg, embajador alemán en Viena, menciona el 3 de mayo de 1895 que Rusia buscaba intereses en el Oriente; Austria-Hungría hablaba de forma afectuosa de *Dreikaiserbund*[49]; y los intereses alemanes en el comercio mundial estaban convirtiendo a los británicos en su enemigo más peligroso (Bartlett 1984). El peligro de la inestabilidad alemana se enfocaba en el posible decline de sus exportaciones, menciono el Almirante von Müller y concluye advirtiendo que "la historia mundial ya está dominada por la lucha económica." (Rich & Fisher 1955-63). Pero, el primer

---

49 La Liga de los Tres Emperadores (también conocida en alemán como *Dreikaiserbund*) fue una alianza formada en 1872 por los emperadores del Segundo Imperio Alemán, del Imperio Austrohúngaro y del Imperio Ruso: las tres mayores potencias del este y centro de Europa en aquel momento.

objetivo alemán en 1896 era establecer su seguridad en el continente por la amenaza que representaba Rusia y Francia. Solo después de ello, se podría explorar la posibilidad de coexistir tan cerca de los británicos, o buscar la guerra para resolver ese tema de inseguridad o para mantener su acceso a los mercados mundiales.

El objetivo primordial para Alemania era convertirse en el poder que todos sus rivales quisieran tener cerca. Asegurando que ellos eran el amigo que todos buscaban, y de esa forma asegurar su lugar en el centro del Balance de Poder (Rich & Fisher 1955-63). Desde esa posición, Alemania podría obtener muchos beneficios. Entre ellos, tendría la libertad de maniobrar entre Rusia y Bretaña a su gusto. Pero, su interés por el *Weltpolitik* ponía en peligro su lugar al centro del Balance de Poder. Los industriales alemanes consideraban que un conflicto con Bretaña podría ser un desastre para sus intereses económicos. Los industriales buscaban contratos británicos y en general una competencia, pero no una guerra.

En 1897 la flota naval de Alemania fue construida para combatir contra Francia y Rusia, pero el objetivo principal fue crear una flota para el combate en los Bálticos. Para Alemania, una guerra con Bretaña solo era posible si tuvieran una alianza con otro poder que pondría en peligro su seguridad. El *Weltpolitik* obligaba la creación de una flota grande para poder competir contra los británicos. Pero, aun no existía un apoyo interno para desarrollar dicha flota en Alemania. Tirpitz tuvo que cultivar el apoyo de los grandes industriales alemanes para que presionaran al gobierno, y por esa razón la flota alemana fue un producto de ambiciones políticas internas personificadas por Wilhelm II y Tirpitz: por un lado, el patriotismo de un sector social, y por otro, tratos clandestinos con la elite (Bartlett 1984). Pero también hay que considerar la fiebre imperialista en combinación con la distracción rusa en Asia durante el periodo revolucionario entre 1890 y 1905. Alemania consideraba que podía incrementar su poder militar sin poner en riesgo su seguridad en Europa, o provocar graves desequilibrios sistémicos.

Militarmente, la idea de Alemania era prevenir un ataque británico, pero no superar su capacidad. En realidad, un ataque británico no era muy probable porque solo pondría en riesgo su posicionamiento en el sistema, y por el peligro que representaban las flotas de todos sus rivales. La gran preocupación de Tirpitz era que los británicos atacarían antes de que tuviera una fuerza estabilizadora contra ellos, porque esos momentos no se prestaban para las soluciones políticas y los alemanes entendían que solo una fuerza militar iba detener un ataque. Las soluciones políticas simplemente no eran posibles porque existía lo que Herbert Butterfield describió como el "aprieto absoluto" en las relaciones humanas, el temor "Hobbesiano": lo que es el obstáculo insuperable de poder confiar en otros en asuntos internacionales (Butterfield 1951).

Considerando que los británicos y alemanes no pudieron llegar a un acuerdo general entre 1898 a 1901 en relación a sus intereses en y fuera del continente, y no por que existían más diferencias entre ellos que con otros países, sino porque simplemente no se ofreció lo que realmente quería el otro: los británicos querían un aliado en contra de Francia y Rusia; y Alemania necesitaba un compromiso de alianza militar en el continente europeo. Eso representaba una relevante amenaza al Balance de Poder (Koch 1972) y los británicos no estaban dispuestos a ofrecer eso. Lo que si se logro fue fomentar la inseguridad e intriga entre estos poderes porque algo similar a las alianzas estratégicas que buscaban los alemanes se logró entre Bretaña y Francia en 1904, y luego entre Bretaña y Rusia en 1907, y aun así, para el año 1914 las esperanzas alemanas de alianzas estratégicas para fortalecer la estabilidad no habían muerto.

El *Weltpolitik* alemán demostró una gran capacidad sistémica por querer cambiar el sistema y no solo crecer dentro del mismo. Dicha estrategia se enfrentaba directamente con las políticas británicas que solo buscaban mantenerse como el país más poderoso del sistema. Más que un enfrentamiento de poder militar era un enfrentamiento ideológico: uno buscaba mantener el Balance y el otro buscaba cambiar el sistema. Eventualmente eso fue lo que en realidad los llevo a la Primera Guerra Mundial.

La Rivalidad Sistémica

La preocupación del Oriente Lejano fue porque representaba un punto de conflicto fuera de Europa para mantener el Balance de Poder. El problema inicio en Corea, luego se expandió a Manchuria, y después en una guerra entre China y Japón en 1894-95 que resulto en una victoria japonesa tan decisiva, y que nadie esperaba, que despertó nuevos intereses imperialistas sobre la China y las Américas. La vulnerabilidad del gran imperio chino se había demostrado entre 1840 y los 1850, pero pudo demostró su vigor en no ser eliminado. De hecho, ya se había contemplado a China como un futuro poder, pero su derrota en 1895 ante Japón motivo nuevamente el interés de los poderes querer iniciar su partición y eliminarlo del juego. En los Estados Unidos, A.T. Mahan y Brooks Adam,[50] predecían que una guerra mundial si se pudiera dar para definir el futuro de China. Consideraban que iba ser una guerra entre los poderes marítimos y terrestres, principalmente entre Rusia y los británicos, y Alemania se podría unir a uno de los dos (Moulder 1977).

En lo que no hay duda es sobre el impacto que los eventos del Oriente Lejano tuvieron sobre las relaciones entre los grandes poderes en los años 1895 a 1907. Sin duda tuvieron un impacto importante para todos. Los británicos tenían más de 10% del comercio exterior e inversión de China, aunque esto solo representaba 2½% del comercio total británico,

---

50 Estratega Militar e Historiador Militar del siglo XIX.

y solo 5% de su inversión extranjera (Moulder 1977). Los rusos veían el Oriente como algo que tenía que ser de ellos. Dostoievski[51] era uno de los entusiasmados con esa idea, igual que el Príncipe Ukhtomskii,[52] editor del periódico de San Petersburgo. El Ministro de Finanzas de Rusia, Sergie Witte,[53] estaba consciente del retraso general de Rusia y advirtió que si no se modernizaba podría sufrir el mismo destino que los países del Oriente habían sufrido a manos de los europeos (Bartlett 1984:76). El retraso de los rusos era algo que todos los poderes ya sabían. Los expertos militares europeos argumentaban que Rusia en cualquier momento se podía desintegrar dejándole Siberia a los Estados Unidos, algo que incrementaba el poder y alcance de ese país, y algo que los europeos no querían ver.

Los rusos entendían que el interés de los europeos era conquistar el mundo y aplicar su teoría del Darwinismo Social a los pueblos que no avanzaban. Por el temor de ser conquistados, Witte se enfocó en el desarrollo económico de Rusia y evitar cualquier guerra o conflicto con los poderes, y por eso apoyo la Conferencia de Paz en la Haya en 1899. El entendía que el beneficio para Rusia era grande si la guerra armamentista se desaceleraba por que le daba tiempo de fortalecerse internamente y después buscar intereses sistémicos. El interés ruso era dividir toda Asia, salvo Japón, solo que no era el momento de iniciar esa conquista porque ellos no estaban en una posición para competir contra los poderes europeos. Por el momento, los rusos tenían que asegurar que el *Estatus quo* se mantuviera en el sistema. El peligro de simplemente ser espectador en la lucha de poder era ser rebasado por esos poderes que buscan posicionarse en el sistema y cambiar el Balance de Poder. Pero, Rusia sabía que se tenía que apartar de la inestabilidad sistémica que generaba la constante rivalidad. Rusia entendió que

---

51 Fiódor Mijáilovich Dostoyevski, 1821-1881. Novelista ruso del siglo XIX..
52 Príncipe Romanov del imperio ruso.
53 Serguéi Yúlievich Witte. 1849-1915. Ministro de Fianzas del zar Alejandro II.

su existencia en el sistema los obligaba pensar de forma estratégica dentro del mismo y no solo buscar fines limitados de expansión fuera del contexto sistémico. El concepto abstracto de Estabilidad Sistémica y el Balance de Poder fue mostrada en las políticas y acciones de Rusia que mezclo intereses del Estado y el mantenimiento sistémico. Algo que no se había visto antes.

Los que sí lograron un cambio interno total en menos de dos generaciones fueron los japoneses. Una transformación de gobierno y economía que inicio en 1868 que aun el mundo no ha vuelto a ver (Moulder 1977). Desarrollaron cambios sustantivos para ser un país realmente moderno y capaz de competir con cualquier otro poder en el sistema internacional. ¿Cómo es que los japoneses fueron la primera raza no blanca, y tal vez la única, en realizar este logro de forma tan dramática y exhaustiva en el sistema moderno? La respuesta siempre será punto de debate sin alguna conclusión definitiva. Tal vez el tamaño de China sirvió como el motivo principal. Los políticos japoneses se dedicaron a entender de forma profunda los aspectos más complicados de las finanzas occidentales y las necesidades sistémicas que tenían que atender para poder competir. Esta transformación se revelaría de forma dramática en la guerra con China en 1894.

La transformación japonesa inicio con un fuerte gobierno central que pudo dirigir los esfuerzos de la nación con un programa dramático de modernización que impacto a todas las vidas de sus ciudadanos y en todos los niveles del país. El objetivo de Japón fue lograr un país que podía resistir y eventualmente competir con los grandes poderes del mundo. Su reforma fiscal y jurídica fortaleció a las fuerzas armadas y crearon industrias para competir en el mundo (Moulder 1977:199).

Para Japón, Corea representaba la clava para su futuro y de sus acciones sistémicas. Japón no podía permitir la influencia de algún otro país en Corea y por ello se dio la guerra con China, y surge el tratado de Shimonoseki en abril de 1895 que le aseguro la isla de Formosa y la Península Liaoning a Japón, y obligo a China renunciar todos sus derechos sobre el futuro de Corea. El tratado fue mucho más de lo que los poderes europeos podían aceptar, especialmente Rusia, y el Zar Nicolás II[54] tuvo que ser convencido por su canciller Witte de que no iniciar acciones para la partición de China, aunque no estaban de acuerdo que la península de Liaotung estaban en posesión de los japoneses. Para limitar la ventaja de Japón en esa zona, Alemania, Francia y Rusia presionaron que le regresara la península a China. En estas acciones, los rusos se vieron obligados nuevamente a entrar al juego de la Política de Poder y arriesgarse a un conflicto que podría derrumbarlos económicamente y sus planes sistémicos.

Ese tipo de riesgos estratégicos se tienen que enfrentar cuando uno entiende el sistema internacional y busca ventajas a largo plazo. No actuar en esos momentos sería equivalente a entregar tus oportunidades en el futuro, porque en ese futuro, tal vez ya eres una colonia de los grandes poderes por las desventajas que generaste por no haber participado activamente en el Balance de Poder.

La creciente inestabilidad política que genero el tema de Corea obligo a Japón llegar al acuerdo Yamagata-Lobanov el 6 de Junio de 1896 que básicamente se estableció una Corea ruso-japonesa. Para los rusos, esto solo fue una acción sin mayor valor porque Witte siempre considero Corea como un interés sin mayor valor en el Oriente Lejano. El verdadero interés era la vulnerabilidad de los chinos después de su derrota en 1895 y los rusos se tenían que posicionar firmemente para poder aprovecharse de esa vulnerabilidad. Ese mismo año, con el apoyo financiero de los franceses, Witte pudo establecer un banco ruso-sino que genero invaluable poder político y económico en China. Después

---

54 Zar Nicolás II, 1868-1918. Último Zar de Rusia.

de esto, estableció una alianza defensiva de 15 años con los chinos específicamente en contra de los japoneses. Esto le abrió la oportunidad a Witte de crear un ferrocarril en China que cruzaba por el centro de Manchuria para establecer una ruta directa del Ferrocarril Transiberiano a Vladivostok. Esta ruta les permitió a los rusos no tener que desviarse por el Norte de Rusia y el Rio Amur. Los franceses de inmediato aseguraron sus concesiones en el Sur, lejos de un posible conflicto, y de inmediato Salisbury estableció un acuerdo de reciprocidad para equilibrar los avances Franceses en China. Salisbury veía el avance ruso en China positivamente porque considero que les daba más seguridad a los británicos en Persia, ya que los rusos estarían enfocados con China. Sería diferente si los rusos hubieran buscado intereses más al Sur en el Yangtze, en donde se encontraban los intereses principales de los británicos. El enfoque principal para los británicos era el futuro del Nilo y encontrar aliados para enfrentarse con Rusia en China, aunque no estaba en peligro Hong Kong o la región de Yangtze (Rich & Fisher 178-9). Los británicos aun actuaban para mantener su dominio, y su enfoque principal era identificar los peligros reales o percibidos, y luego actuar para preservar sus ventajas sistémicas.

La guerra ruso-japonesa se dio en 1904-1905 y les permitió a los alemanes desafiar el compromiso francés en Marruecos y la solidez de la *Entente*[55] anglo-francés. Los británicos vieron esto como un intento alemán de romper el *Entente,* y si ellos no reaccionaban apoyando a los franceses, la *Entente* se podría colapsar e impulsar a los franceses hacia los poderes en Berlín. Los franceses no mostraron una postura muy fuerte y para apaciguar a los alemanes quitaron al Canciller Delclassé y les dieron unas concesiones en Marruecos (Andrew 1968:289-99).

Con la respuesta francesa, los alemanes vieron debilidad y exigieron una conferencia internacional para tratar el

55 *Entente cordiale* (del francés ‹entendimiento cordial›) es la denominación de un tratado de no agresión.

asunto de Marruecos, pero el presidente Roosevelt no veía el problema de Marruecos como una prueba para la política "Open Door"[56] y considero el asunto como una crisis que los alemanes habían fabricado para desafiar el Balance. En la Conferencia de Argelia a principios de 1906 eran los alemanes que estaban en minoría y no los franceses o británicos sobre este asunto (Rich & Fisher 1955-63:469).

La Política de Poder había generado una constante tensión en el Balance, pero no fue hasta la Conferencia de Argelia que la relación anglo-francesa empezó a desarrollar lazos más cercanos y permanentes. El afán alemán de generar una victoria política en este tema unió a Francia y a la Gran Bretaña. De inmediato el ministro Holstein[57] se dio cuenta que la posición diplomática favorable que Alemania tenía desde los 1890s estaba en peligro porque Bretaña inicio pláticas estratégicas con Francia en caso de un ataque alemán, y eso transformo el *Entente* entre ellos a un acuerdo anti-Alemania. Nuevamente, Holstein empezó a hablar de la inevitable guerra con Bretaña (C.J. Bartlett 1984:49).

Por la primera vez desde 1815 el ejército británico se estaba preparando para una guerra en Europa. Se contempló en enero de 1906 que posiblemente se lucharía en Francia o Bélgica con unos 100,000 efectivos. En ese mismo momento, el peligro ruso persistía en la India, pero la naval británica recibió un gran apoyo con la derrota rusa en Tsushima. Aun así, el almirante británico Fisher veía a los franceses, rusos y a los japoneses como parte de una inseguridad sistémica permanente. Aunque el peligro principal era Alemania, el considero que tenía que tener un plan de 25 años en 1906 para combatir esos peligros (Mackay 1973). La fobia alemana en Bretaña se dio por el rápido crecimiento industrial de los

---

56 La política de puertas abiertas es un concepto en relaciones exteriores y economía. Como teoría originalmente postulaba que debían existir las mismas condiciones comerciales de las grandes potencias en China. Con base en los Tratados desiguales firmados entre China y las potencias existiría un acceso sin restricciones a los mercados comerciales chinos.
57 Friedrich von Holstein: Diplomático alemán y consejero ponente en el Ministerio de Asuntos Exteriores de Alemania, 1837-1909.

alemanes, la expansión de su capacidad naval, el constante reclamo de la sociedad Alemana en contra de los británicos, y la conducta errática en su política exterior (Marder 1961). Esto obligo a británicos limitar sus relaciones con Rusia por la cercanía que tenían con los alemanes, pero en realidad los británicos ya tenían planes de limitar sus relaciones con Rusia mucho antes de que la rivalidad con Alemania se había intensificado (J. Gooch 1926-38).

En este momento los británicos querían fortalecer su alianza con Japón, pero tenían que enfocarse al tema alemán, pero tampoco querían perder su influencia en el Oriente Lejano. Los poderes estaban en una situación de confusión. Japón no tenía interés en abandonar su alianza con Bretaña por las ventajas que le daba en contrarrestar el peligro que representaba el impredecible carácter de los rusos y su nueva rivalidad con los Estados Unidos. Todos los poderes tenían conflictos e intereses que coordinar y cualquier arreglo entre ellos podría surgir para mantener un Balance aceptable para todos. Pero en realidad, todas esas políticas y acciones solo estaban complicando la rivalidad sistémica entre todos.

Límites de la Tolerancia

La crisis de Bosnia de 1908-1909 y las guerras de los Balcanes de 1912-13 sirvieron como aviso a los países grandes de que sus rivalidades habían llegado al límite de la tolerancia. La situación en los Balcanes se complicó por el intento italiano de conquistar a Trípoli en septiembre de 1911, hecho que elevo la rivalidad entre los poderes a su punto máximo (Bossworth 1979). Para los británicos la situación se complicó porque si un poder Islámico, Turquía en este caso, fuera derrotado los sujetos musulmanes de la Bretaña podrían reaccionar de una forma exagerada. Además, los británicos tenían inversiones importantes en el imperio Otomano que no querían poner en riesgo. También, existía la posibilidad de que los disturbios en el sureste de

Europa pudieran desestabilizar la paz en todo el continente.

Las relaciones entre los poderes a finales de 1913 recibieron otro aviso que su rivalidad en el sureste de Europa ahora representaba el peligro más grave para desestabilizar la paz. El general alemán, Liman von Sanders,[58] recibió un puesto activo en el ejército turco y los rusos de inmediato protestaron ese nombramiento. Para sanar el asunto y no provocar más presiones, los turcos le cambiaron el puesto a von Sanders a Inspector General del ejército. Estos hechos revelaron el grado de caído en la relación rusa-alemana. Con el tiempo, esta relación sería el factor más importante para determinaría la paz o guerra en Europa (Dilks 1981).

En abril 1912 Nicolson[59] había comentado que Alemania era menos amenaza para los intereses británicos que Francia o Rusia. (Dilks 1981:253). En los *Ententes* hasta el año 1914, Bretaña buscaba la seguridad sistémica y aseguro alianzas en contra de Alemania y Rusia, para evitar la posibilidad de ser aislado. Desafortunadamente, en los primeros meses de 1914 existía la misma posibilidad de una grave crisis entre Rusia y Bretaña que una entre Rusia y los Poderes Centrales (Austria, Alemania e Italia). En el invierno de 1913 los británicos habían tenido más esperanzas de acordar con los alemanes sobre asuntos del Cercano Oriente que resolver sus preocupaciones generales con Rusia. El renacimiento de la naval Turca ya era vista en un contexto para contener a Rusia y no como una medida anti alemana (Orde 1978:73). Los rusos buscaban tener supremacía naval en el Mar Negro para el año 1916 o 17 y los británicos buscaban un contrapeso que no pondría su relación con Rusia en peligro (Hinsley 1977:461). Los políticos británicos aun con todos estos problemas buscaban mantener la paz por medio de un

---

58 Otto Liman von Sanders (1855-1929) fue un general prusiano que sirvió en el Ejército Alemán y como asesor militar en el Imperio Otomano durante la Primera Guerra Mundial.
59 Arthur Nicolson, 1 ° Barón Carnock (19 de septiembre de 1849 - 5 de noviembre de 1928), conocido como Sir Arthur Nicolson, 11 ° Baronet, de 1899 a 1916, fue diplomático y político británico durante el último trimestre del siglo. Siglo XIX a mediados de la Primera Guerra Mundial.

balance aceptable en el sistema.

Los problemas anglo-rusos seguían apareciendo en Tíbet y Afganistán, pero los más serios se presentaron en Persia. Los rusos se preocupaban de que los británicos buscaran nuevos intereses petroleros en el Norte y los británicos se preocupaban por la posible creación del ferrocarril Trans-Persia que podría amenazar a la India (Steiner 1977). En Junio de 1914 ya existía un nivel de tensión que solo la partición del país podría salvar la *Entente*. A principios de 1914 el Embajador Británico en San Petersburgo advirtió que, si Rusia no recibía más apoyo, ellos podrían buscar apoyo con los alemanes (Steiner 1977:121). Al crear una respuesta simbólica para los rusos en forma de pláticas navales, los británicos contribuyeron a la creencia que estaban maquilando algo en contra de los alemanes. Alemania, lógicamente, concluyo que le quedaba poco tiempo para responder al peligro que representaba una alianza anglo-rusa. No es fácil evaluar la relación anglo-alemana en esta época. La situación europea, sin considerar la carrera armamentista, no era inusualmente peligrosa. (Goschen 1980:38).

Se acordó el asunto petrolero anglo-alemán en Marzo de 1914 en Mesopotámica. Se estaba resolviendo el asunto del ferrocarril Berlín-Bagdad, y el acuerdo sobre las colonias portugueses solo podría entrar en vigor hasta que Portugal renunciara algunos de sus intereses. Además, Grey[60] pedía en privado que, si el imperio Otomano fuera repartido, Alemania tendría que ser tomado en cuenta muy generosamente.

Las presiones eran contradictorias y complicadas. Alemania, por ejemplo, tuvo que establecer un acuerdo sobre el asunto del ferrocarril Berlín-Bagdad por falta de fondos, y por sus problemas financieros, los alemanes se preocupaban en perder su lugar como poder mundial, y

---

60 Edward Grey, primer vizconde Gray de Fallodon, (25 de abril de 1862 - 7 de septiembre de 1933), más conocido como Sir Edward Grey (era el 3ro Baronet Gray de Fallodon) era un estadista liberal británico. Adherido al «Nuevo Liberalismo», [1] sirvió como secretario extranjero de 1905 a 1916, el mandato más largo y continúo de cualquier persona en esa oficina.

la única ventaja que tenían era su fuerza militar (Goschen 1980). Y por no tener fondos, no pudo atacar a Rumania con los poderes centrales, o convencer a los griegos en reducir sus compromisos con Francia. El poco capital que si había género conflictos internos entre los industriales por los objetivos militares en Turquía. Y desde 1913, para complacer a los británicos, Alemania no les permitió a sus propios industriales competir por los contratos en Turquía. La influencia alemana en el Cercano Oriente estaba en peligro, y su falta de fondos les abrió la puerta a los franceses tomar más oportunidades en Turquía. Fue la falta de fondos… que fue el factor determinante para el *Drang nach Osten*[61] (Koch 1972:93-121) de la política alemana.

La falta de recursos en Alemania se había complicado aún más con la Crisis de Agadir por la fuga del capital francés por el poco interés en las inversiones cooperativas (Bartlett 1984). La recesión estaba generando mayores preocupaciones entre los industriales porque existían barreras para los productos de exportación. Aun así, el verdadero problema para Alemania en 1914 era la percepción que sus vecinos representaban un grave peligro por la capacidad militar y económica que tenía. Para Alemania, solo la guerra era la opción de mayor legitimidad (Koch 1972). Pero tal como lo había dicho Hugo Stinnes[62] en 1911, con solo 3 o 4 años de paz, Alemania podría asegurar su predominancia en Europa. Pero, sus rivales no permitían su crecimiento y la rivalidad entre los poderes fue acercándose al límite de tolerancia. Alemania no busca la guerra, pero parecía que la Política de Poder y el Balance de Poder eran paradigmas que la obligaba actuar de forma preventiva para no ser derrumbada. Los otros países la estaban limitando y esperar

61 Drang nach Osten: "afan de ir al norte" – termino alemán usado por nacionalistas en los siglos XIX y XX.
62 Hugo Stinnes: 1870-1924) Industrial alemán. Poseedor de minas y acerías en el Ruhr, su actividad especuladora durante la I Guerra Mundial le permitió llegar a controlar diversas empresas belgas. Contribuyó a la recuperación de la industria alemana durante la posguerra y aprovechó la inflación para obtener grandes beneficios que invirtió en oro. Fue miembro del Reichstag (1920-1924).

más tiempo seria devastador. Alemania no podía permitir que Rusia la superara en poder y por esa razón una acción preventiva era necesaria.

En 1914, la rivalidad anglo-alemana era el problema más grave de Europa. Más que la crisis financiera alemana o las rivalidades imperialistas en Asia y los Orientes. Existe poca documentación que indique que la única opción para los alemanes era la guerra o que la rivalidad tenía que terminar en guerra. Lo que sí es seguro, es que Alemania, más que los otros poderes, tuvo más responsabilidades en provocar la guerra europea (Kitchen 1975).

Para algunos intereses financieros era preferible una guerra que la incertidumbre empresarial (Nekludoff 1920:236). La relación Rusia-Austria estaba deteriorada y la preparación armamentista ya se estaba elevando, y en 1914 Rumania se acercaba a los enemigos de los Poderes Centrales. Esto para Moltke, representaba una política de provocación que justificaba una guerra; pero, al Canciller Alemán Jagow,[63] no le intereso ese argumento (koch 1972). El resultado fue la propuesta de un acuerdo entre Austria y Alemania para atender el tema de los Balcanes, particularmente establecer un esfuerzo con Berlín para cultivar amigos en el Oriente Cercano. El gobierno serbio tampoco buscaba un conflicto con Austria, aunque no estaba actuando para detener la propaganda y terrorismo anti-Habsburgo en su territorio. El plan para asesinar al Archiduque fue planeado en su territorio y realizado en Sarajevo el 28 de Junio de 1914 (Bridge 1972).

La respuesta de Habsburgo a Berlín estaba basada en la convicción que si Austria no actuaba, su credibilidad como gran poder estaba en juego. En no actuar, comento Berchtold,[64] sufriría más el imperio por no haber hecho nada.

63 Gottlieb von Jagow (22 de junio de 1863, Berlín - 11 de enero de 1935, Potsdam) era un diplomático alemán. Fue ministro de Asuntos Exteriores de Alemania entre enero de 1913 y 1916.

64 Conde Leopold Berchtold: 1863-1942) Político austríaco. Como ministro de Asuntos Exteriores del Imperio Austro-húngaro entre 1912 y 1915, fue el principal responsable de la escalada que, tras el ultimátum lanzado a Serbia el 23 de julio de 1914, provocó el estallido de la Primera Guerra Mundial.

Esperar solo incrementaría el peligro interno y externo (Bridge 1972:448). Pero Austria-Hungría no se podía dar el lujo de actuar sin el permiso claro de Alemania. El Káiser y Hollweg[65] le dieron el permiso para actuar casi de inmediato. La rapidez del permiso era para que Austria actuara de la forma más rápida posible en contra de Serbia y bajo la creencia que la crisis se mantuviera localmente para no contaminar a los demás poderes (C.J. Bartlett 1984:83). De la misma forma, a Alemania le interesaba debilitar la alianza entre Rusia, Francia y Bretaña, aunque darle permiso a Austria podría provocar una guerra general. Esto no implicaba una preferencia hacia la guerra, sino simplemente revelar la capacidad de poder realizarla. Aquí no hubo un esfuerzo diplomático o planes de acción alternos. Era tan grave la situación de los Poderes Centrales que solo una victoria determinante sobre sus rivales podría ser aceptable, además considerando su *Aussenpolitik,*[66] ese tipo de victoria si era necesaria.

La elite alemana ha sido descrita durante esta crisis como "un cartel de ansiedad" (Berghahn 1973:191-2). Hollweg le temía a Rusia y confeso que "el futuro le pertenece a Rusia porque estaba creciendo y creciendo y se estaba convirtiendo en una pesadilla para nosotros [los alemanes] (Berghahn 1973). Después de su decisión de apoyar a Austria, Hollweg comento: si los motivamos [a los austriacos] después dirán que nosotros los metimos a ellos; si los convencemos de no actuar, entonces se convierte en un asunto en donde nosotros los dejamos plantados, y buscarán a los Poderes del Occidente" (Craige 1978:335). Para Alemania fue una guerra preventiva porque el mejor momento para una guerra ya les había pasado y el momento actual solo era el mejor de los peores tiempos (koch 1972:162). Pero es evidente que la beligerancia de Alemania solo incremento cuando Rusia recupero su fuerza y Francia su confianza.

65 Theobald von Bethmann Hollweg. Fue Canciller de Alemania desde 1909 a 1917.
66 Aussenpolitik: Alemán; Política Exterior

La peculiaridad del sistema europeo y el Balance de Poder era que en ocasiones funcionaba en contra del Estado más poderoso. Hasta la rivalidad entre Rusia y los británicos trabajaba en contra de los alemanes (Hunt & Preston 1977:23-37). El 23 de Julio de 1914 se le presento el ultimátum a Serbia: ser destruido por completo o aceptar ser un protegido de Austria. En ese momento, lo único que iba prevenir un conflicto armado era si Rusia abandonara a Serbia, algo que no sucedió. La debilidad militar Rusa ya los había obligado abandonar varios compromisos entre 1909 y 1913. Su programa de armamento militar aún estaba lejos de concluir, pero con el apoyo de Francia se podría argumentar que la victoria aún era posible. Simplemente, los rusos no podían abandonar sus compromisos y poner en riesgo su lugar como gran poder en el sistema. Estaban obligados a defender su lugar y arriesgarse en la guerra. Ellos sabían que en términos sistémicos no tenían otra opción y por ello no abandonaron a Serbia.

Por preocupaciones generales sobre la situación europea los rusos iniciaron preparativos militares el 26 de Julio 1914 y a la vez les avisaron a los austriacos moderar su conducta hacia Serbia. Por la confianza que sentían por el apoyo de Alemania, Austria le declaró la guerra a Serbia el 28 de julio y bombardearon Belgrado el 29. Para Rusia, las opciones de acción ya estaban muy reducidas y la situación aún se complicaba más. Bethmann Hollweg se encargó de crear una táctica que le pondría la culpa de la guerra a Rusia (Langhorne 1981:117). Para el 30 ya era momento para que los diplomáticos resolvieran la situación antes de que estuviera completamente fuera de control. Pero para Viena, San Petersburgo y Berlín parecía mejor opción arriesgarse a continuar con una guerra que darle conclusión y seguir con la incertidumbre. A estas alturas las fuerzas alemanas tenían un solo objetivo, movilizarse lo más pronto posible para asegurar la máxima ventaja a principio de la guerra de acuerdo con el Schlieffen Plan.[67] Muchos políticos alemanes ya creían que la situación estaba fuera de control y el mismo Bethmann comento: "la situación está fuera de control y la piedra ya está en movimiento" (Langhorne 1981). La movilización general de Alemania para la guerra se ordenó el 31 Julio, 1914.

Alemania le declaro la guerra a Rusia el primero de Agosto de 1914 y mando averiguaciones diplomáticas a Francia para conocer sus intenciones e imponer condiciones. Las exigencias alemanas eran más de lo que Francia pudo aceptar y las rechazaron. De inmediato Alemania le envió un ultimátum a Bélgica el 2 de agosto, exigiendo paso libre para las fuerzas; el 3 se la declaro la guerra a Francia. La Gran Bretaña entra a la guerra el 4 de agosto cuando Alemania se niega a respetar la neutralidad de Bélgica.

El tema de Bélgica fue lo que finalmente unió a los británicos internamente, porque aún no había consenso o voluntad para pelear y la mayoría del gabinete estaba en contra de la guerra. Aun así, Bretaña solo se comprometió a defender las costas norteñas de un ataque naval, así respetando los acuerdos de 1912. El gran problema para los británicos era la preocupación de un posible derrumbe del sistema financiero que una guerra podría generar, y por eso no les interesaba arriesgarse (Hinsley 1977:406). A final de cuentas, los británicos determinaron que no afectaría ni para bien ni para mal una guerra. Políticamente y estratégicamente, considero Grey, los intereses británicos exigían que ellos respalden a sus socios de *Ententes*. Fue el peligro hacia Bélgica que a final de cuentas genero el apoyo nacional que necesitaban para entrarle al conflicto. Erye Crowe[68] comento que para

---

67 Schlieffen Plan: Se denomina Plan Schlieffen al plan propuesto durante la Primera Guerra Mundial por el jefe del Estado Mayor del II Reich alemán, Alfred Graf von Schlieffen.

68 Sir Eyre Alexander Barby Wichart Crowe (30 de julio de 1864 - 28 de abril de 1925) fue un diplomático británico. Fue un destacado experto en Alemania en la oficina de relaciones exteriores. Él es mejor conocido por su advertencia vigorosa en 1907 de que las intenciones expansionistas de Alemania hacia Gran Bretaña eran hostiles y tuvo que ser encontrado con una alianza más cercana («Entente») con Francia. Construyó el Ministerio de Bloqueo durante la Guerra Mundial y trabajó estrechamente con el presidente francés Georges Clemenceau en

preservar la posición británica en el Balance de Poder tenían que pelear. Por que gane quien gane, al no entrar, a finales de la guerra se quedara aislada y sin amigos (Fry 1977:190). Su posicionamiento en el sistema y su capacidad de poder ejercer un control sobre el mismo fue el factor más relevante para los británicos. Bélgica fue el pretexto interno que los unió, pero ellos no estaban dispuestos a perder su lugar en el sistema y dejárselo a otro poder, y mucho menos mantenerse al margen de un conflicto tan grande.

Si los rusos derrotaban a los alemanes sin el apoyo británico, advirtió el embajador británico en San Petersburgo, que la amenaza rusa en la India sería una realidad. Esto no implica que Bretaña le entro a la guerra solo para proteger sus intereses ante Rusia y Francia, o que no tenía problemas con Alemania. Si no que, los análisis de la Oficina de Exterior sobre el Balance de Poder fue lo que finalmente le dio forma a la política británica. Ese tipo de análisis de calculaciones revelaban la característica general de las rivalidades internacionales y el lugar británico. Unos veían que guerra entre Alemania y Bretaña era inevitable y otros veían la crisis como la mejor oportunidad para enfrentar a Alemania (Fry 1977). Lenin describió la guerra como una guerra imperialista, en parte porque la veía como una lucha por la redivisión del territorio entre los poderes (Howard 1978c). Pero ese énfasis sobre el capitalismo no era relevante, porque el capitalismo no era una fuerza unida en Francia, Alemania o Bretaña. Los empresarios se dirigían en distintas direcciones de acuerdo a sus intereses y frecuentemente estaban en desacuerdo con su país.

Desde el principio, los poderes veían la guerra como una oportunidad para cambiar el Balance de Poder en Europa, y para otros el Balance mundial. El *Estatus Quo* que se había establecido en 1871 ya no era aceptable. Cualquier resultado de esta guerra que no fuera una victoria decisiva, solo sería

---

el Consejo Supremo en la Conferencia de Paz de París en 1919.

un intermedio en lo que se recuperen los poderes e inicien nuevas hostilidades hasta tener un vencedor absoluto. El tamaño y extensión del conflicto, los daños y muertes obligaban la victoria para justificarle a las poblaciones sus sacrificios (C.J. Bartlett 1984). De ninguna forma, se iba mantener un *Estatus Quo* que dejaba inestable al continente y por esa razón tenía que salir un país triunfador.

Aun, entre todo lo que pasaba, el tema principal seguía siendo el Balance de Poder. A Italia se le ofreció territorio del imperio Austriaco en el Adriático en 1915 para convencerla a luchar en contra de los Poderes Centrales, pero hasta 1918 los italianos tenían mucho interés en preservar el impero Habsburgo como elemento principal del Balance europeo. Lo importante para los británicos y sus aliados era debilitar a los Poderes Centrales para eliminar la posibilidad de que puedan realizar una segunda guerra. Los italianos estaban aliados ligeramente con los alemanes y austriacos. Sus ambiciones territoriales estaban dentro del territorio Austriaco, pero ellos querían entrarle a la guerra del lado ganador y ser compensados generosamente por ese apoyo. Entrar muy temprano o muy tarde podría dejar a Italia perdiendo o sin ganancias relevantes. El Premier Salandra y el Canciller Sonnino, revisaron su situación en el invierno de 1914. Ellos concluyeron que Italia no podría ser un verdadero poder independiente sin el control del Adriático, protegiéndose (desde ahí) de los rusos, austriacos y los eslavos (C.J. Smith). Italia, por consideraciones estratégicas, no podía permitir que Grecia y Bulgaria se unieran con los Aliados antes que ellos. Afortunadamente, los británicos estaban dispuestos a pagarles generosamente a los italianos para entrar a la guerra y abandonar su alianza con los Poderes Centrales. Además, para los Aliados, Italia serviría como contrapeso ruso en el Adriático. Los italianos querían Dalmatilla y estaban determinados en prevenir la instalación de una fuerza naval austriaca en la costa Oriente del Adriático. Ellos no iban a pelear en una guerra solo para sustituir una predominancia eslava por una austriaca en ese mar (C. Jay Smith 253). Ese argumento fue lo que convenció a los italianos unirse con los Poderes Centrales y no aceptar la propuesta de los Aliados. Además, incluir a los italianos obligaría a los búlgaros y griegos dejar su neutralidad en el Sureste de Europa a favor de los aliados, algo que en realidad no era de gran beneficio para Italia y otro argumento para alinearse con los Poderes Centrales.

El Tratado de Londres[69] que se firmó en secreto el 26 de abril de 1915 le entregaba a Italia casi todas las cosas que pedía para entrarle a la guerra a favor de los Aliados. La entrada de Italia a la guerra coincidió con un golpe de suerte para los Poderes Centrales: frustraciones en Galípoli de los Aliados se juntaron con las derrotas rusas. Varsovia se perdió en agosto y la frontera del Este no se pudo estabilizar hasta septiembre de ese año, y los Aliados no pudieron convencer a más poderes unirse a su esfuerzo. Inclusive, las derrotas rusas de 1915 eliminaron cualquier posibilidad para que los Zares se mantuvieran en el poder. Para 1916, no había otra alternativa los Aliados más que una guerra de atrición en ambas fronteras de la batalla y la única salida aceptable para ambos lados era la derrota total de los rivales y eso no se veía como algo viable para ninguno. La guerra iba para largo por los intereses internos de todos y la necesidad sistémica de establecer un nuevo Balance de Poder.

Dos revoluciones en Rusia en 1917 aseguro la paz

---

69 El Tratado de Londres, también conocido como Treaty of London (en inglés) o Patto di Londra (en italiano), fue firmado en Londres el 26 de abril de 1915. Por él Italia entró en la Primera Guerra Mundial del lado de la Entente. El tratado era secreto y los países firmantes fueron: El Reino de Italia, Reino Unido de Gran Bretaña e Irlanda, Francia y el Imperio Ruso. Según el tratado, Italia recibiría las zonas habitadas por italianos en el Imperio austrohúngaro, gran parte de la costa dálmata y el resto de los territorios balcánicos del Imperio austrohúngaro se repartiría entre tres Estados independientes: el Reino de Serbia, el Reino de Montenegro y Croacia.1 A cambio, Italia se comprometía a abandonar la Triple Alianza, que la unía a los imperios alemán y austrohúngaro2 y entrar en la guerra del lado de la Entente. El cambio de bando se había acordado ya a comienzos de septiembre de 1914 en un convenio secreto firmado en Londres. La entrada en la guerra debía producirse en menos de un mes desde la firma del tratado y así se hizo, siendo la declaración de guerra italiana proclamada el 23 de mayo.

europea para Marzo 1918. Para Alemania, la paz llego demasiado tarde. Las acciones provocativas de Alemania en contra de los Estados Unidos obligo la entrada de ese país a la guerra, y con eso le iba asegurar una derrota contundente para alemana. Una guerra que nació en Europa y peleado casi exclusivamente en ese continente, se iba a decidir por un poder externo. La ofensiva de Ludendorff fue un acto genial y desesperado: querían terminar la guerra con un ataque abrumador antes de que entrara los Estados Unidos (Bartlett 1984). Pero no funciono, y la entrada de los Estados Unidos fue el fin para Alemania.

La guerra tuvo serias ramificaciones y repercusiones políticas sobre el Balance. Especulaciones surgieron sobre las implicaciones en el Balance de Poder por haber llegado a un acuerdo similar al *Estatus quo ante* (Beale 1962). Al principio los americanos buscaban la derrota alemana por las actividades que habían realizado en américa latina y el caribe. Las preocupaciones del Presidente Theodore Roosevelt[70] eran sobre las graves implicaciones para el Balance de Poder (Beale 1962: 382). Ahora todos los aspectos del Balance eran factores a considerar para los americanos: simplemente, no podían permitir o dejar un poder absoluto en Europa.

Las consideraciones estratégicas fueron primordiales para los Estados Unidos. La seguridad sistémica la veían en términos absolutos, y no consideraron los problemas que iban a generarle a los alemanes en Europa, y bajo la asunción que los británicos podrían aliarse con los alemanes para resolver la rivalidad comercial que existía entre ellos. A la población norteamericana se le tenía que vender la idea de rivalidades comerciales y no el concepto de la Política de Poder, porque simplemente no iban a comprender la lógica de esa política.

La política exterior de Woodrow Wilson[71] estaba

---

70 Theodore Roosevelt (Nueva York; 27 de octubre de 1858-Oyster Bay; 6 de enero de 1919) fue el vigésimo sexto Presidente de los Estados Unidos (1901-1909).

71 Thomas Woodrow Wilson (28 de diciembre de 1856 - 3 de febrero de 1924) fue un político y académico estadounidense que sirvió como Presidente de los Estados Unidos de 1913 a 1921.

enfocado sobre los intereses materiales de los Estados Unidos en el mundo. Los europeos y americanos se veían como rivales comerciales y la gran productividad americana iba a inundar a los mercados nacionales y generar una crisis económica: seguida por disturbios sociales, bajas en salarios y el desempleo. Wilson tenía la determinación de buscar la liberación del comercio mundial y prevenir una crisis nacional. Una de sus ideas era promover las exportaciones por una cooperación entre los grandes poderes en las zonas menos desarrolladas del mundo. De esta forma buscaba reducir la rivalidad militar entre los poderes para que se dediquen a explotar los mercados mundiales (Link 1971). Pero, si Alemania llegase a ganar la guerra, los Estados Unidos ya estaban armado, de acuerdo a Wilson y el Coronel House en Agosto de 1914. Además, especularon que a final de cuentas los poderes que resultarían en los próximos 100 años serían los rusos, chinos y ellos (los Americanos) (Link 1971: 461).

Paradójicamente, los Estados Unidos entro a la guerra cuando la relación anglo-americana estaba en su peor momento. Pero Wilson estaba firme en su convicción de crear 'no un Balance de Poder, sino una comunidad de poder; no rivalidades organizadas, sino una paz organizada en común' (C.J. Bartlett 1958). Hablaba de una paz de iguales y una paz sin victorias. Pero la gran expansión militar de los Estados Unidos que inicio en 1916 estaba diseñada para protegerse de cualquier poder europeo que emergiera de la guerra. Los Estados Unidos entendían claramente el escenario sistémico y se preparó bajo esa filosofía Realista. El 3 de Febrero de 1917 los Estados Unidos rompe relaciones diplomáticas con los Poderes Centrales y el 6 de Abril entran a la guerra, pero no como Aliado, sino como poder 'asociado,' y para el 11 de Noviembre de 1918 el armisticio toma efecto y termina la lucha militar.

La guerra termino y cuatro imperios europeos se

encontraban entre las ruinas de la devastación. Alemania era la que se encontraba con menos daños. Si perdió los lujos de un imperio, las colonias y su fuerza naval, pero no su verdadera fuente de poder: la tierra natal, la base industrial y su gente; la más numerosa y los más capaces de toda Europa. Rusia y Alemania se mantuvieron como posibles grandes poderes, pero para los imperios Otomanos y Habsburgo la derrota fue absoluta, ellos desaparecieron del mapa y relegados a la historia. La paz creada por el Tratado de Versalles[72] y la propuesta para la Liga de Naciones preparo el escenario sistémico para retomar el gran juego de poder, ya que muchos países la veían como la 'liga de vencedores' y que solo era un instrumento para la 'competencia imperialista nacionalista' (*The New Republic:* 1919). Ninguno de los temas relevante para mantener la paz en el sistema fue resuelto por el Tratado de Versalles, y todos entendían que solo era cuestión de tiempo para que todos se volvieran a enfrentar en una nueva guerra mundial. Pero, por el momento, la Primera Guerra Mundial había concluido.

La inestabilidad sistémica que surgió después de la Primera Guerra Mundial era un tema relevante para todos los poderes y entendían que era el momento para exigirles a todos los países una mayor participación para asegurar la estabilidad del sistema. Más allá de eso, la gran guerra revelo la necesidad de atender y entender el sistema internacional y no solo atender los intereses internos del país. Ese mensaje fue claro para los observadores del sistema internacional y para todos los países que tenían el interés de desarrollarse en el nuevo sistema.

---

72 El Tratado de Versalles fue un tratado de paz que se firmó en la ciudad de Versalles al final de la Primera Guerra Mundial por más de 50 países. Este tratado terminó oficialmente con el estado de guerra entre la Alemania del segundo Reich y los Aliados de la Primera Guerra Mundial. Fue firmado el 28 de junio de 1919 en la Galería de los Espejos del Palacio de Versalles, exactamente cinco años después del atentado de Sarajevo en el que fue asesinado el archiduque Francisco Fernando, la causa directa de la Primera Guerra Mundial.

La Realidad Sistémica de los Poderes

Alemania

La trauma y humillación que Alemania sufrió después de 1918 generó una gran acumulación de desesperación, resentimiento, nacionalismo extremo, y una política exterior expansionista para no caer en la ingobernabilidad (Carr 1946). En 1932, Hitler declaro que existía el argumento para realizar una guerra preventiva porque Alemania estaba en peligro de un ataque francés (Hiden 1977). Los poderes, de cierta forma, entendían lo que pasaba internamente en Alemania y aseguraban que una guerra con ese país era inevitable y llegaría en cuatro a cinco años.

En 1933 cuando llega Hitler al poder, todos los problemas sistémicos que no se resolvieron en el Tratado de Versalles y la inestabilidad forman parte del esfuerzo alemán para desafiar al sistema una vez más. Después de la Primera Guerra Mundial era imposible predecir la facilidad y rapidez con la que una figura como Hitler iba a consolidar su autoridad y poder en Alemania y transformar al país en la potencia más grande de toda Europa. Nadie calculo algo así, pero si se esperaban que Alemania iba volver a ser un peligro para Europa, y sin duda ese peligro iba llegar eventualmente con o sin Hitler.

Para los alemanes, el Nazismo representaban diferentes cosas para diferentes personas. Principalmente, era un escape de todos los errores asociados con la Republica Weimar y la amenaza de la izquierda (Broszat 1981). En 1933, la gente alemana quería un régimen que les iba a regresar su orgullo nacional, su dignidad, su poder y su prosperidad como país. Los industriales, por su lado, si preferían políticas extremas a mantener un *Estatus quo* que solo estaba destruyendo todo lo que representaba Alemania. El temor a la izquierda y al comunismo le permitió a la elite, así como a la sociedad en general, apoyar a un partido popular y comprometido con la destrucción de esa ideología izquierdista que veían como un peligro para su nación. Por esas razones el apoyo masivo que tenían los nazis originaba de muchas fuentes: jóvenes, desempleados, anticomunistas, antisemitas, oponentes de Versalles, y todos ellos quienes buscaban un rompimiento completo con el pasado y la creación de un *Herrenvolk*[73] sin clases en una Alemania dominante. Todos buscaban una mejor opción a la miserable realdad que se vivía.

En 1933 Alemania se salió de la Conferencia de Desarmamiento y astutamente Hitler acordó un pacto de no agresión con Polonia a principios de 1934. Ese acuerdo iba en contra de los intereses alemanes en ese país, pero lo único que le importaba a Hitler era debilitar la relación entre Polonia y Francia. En esos momentos de 1934 se empiezan a difundir los rumores del plan político alemanes y su interés de controlar a toda Europa. Rauschning[74] y los jefes militares de Alemania describían la necesidad de establecer el dominio alemán en Europa, adquirir nuevos territorios y la necesidad de iniciar una guerra con el Occidente y Oriente (Robertson 1970).

La militarización de Alemania tomo fuerza el 7 de

---

73 Herrenvolk: alemán; raza suprema.

74 **Hermann Rauschning** terrateniente de familia militar prusiana, fue nazi de 1926 a 1934. Arrepentido del nazismo, escribió sobre las ideas de Hitler. En el capítulo VII, titulado *El Anticristo*, recoge una conversación con el dictador acerca de la Iglesia Católica y lo que pensaba sobre ella.

marzo de 1936 cuando Göring[75] declaro que la paz solo era deseable hasta 1941 y que una guerra con Rusia era inevitable (Robertson 1977). En esos cuatro años, Alemania gasto más en armamento de lo que gasto Francia y Bretaña juntas, y solo las victorias sensacionales iban a salvar a Alemania de una crisis económica.

En el verano de 1936 se dio la orden de preparar a Alemania para una guerra en cuatro años (Ryder 1967). Hitler ya estaba realizando y llevando a cabo todas sus ideas sobre la lucha de poder entre las razas a su conclusión lógica de que solo una raza podría ser victoriosa y dominante en el mundo. En 1937 los alemanes ya se preparaban para una guerra con Bretaña. Ribbentrop[76] creía que una alianza con Japón iba a resolver muchos de los problemas estratégicos de Alemania y busco formalizar esos acuerdos antes de que se les acabara el tiempo. Por los avances tecnológicos en armamento, Hitler entendía que no tenían mucho tiempo para iniciar una guerra (Weinberg 1970), por eso buscaban fortalecer sus alianzas y posición estratégica.

En febrero de 1938, Hitler se purga de los generales y otras figuras moderadas de su gobierno que no estaban de acuerdo con la guerra, porque lo único que impresionaba a Hitler era el poder militar y la voluntad de pelear, y no la diplomacia o acuerdos políticos. Estos conflictos internos provoco la renuncia del jefe de Estado Mayor de Hitler en el verano de 1938 y se vieron obligados a posponer el ataque a Checoslovaquia unos seis meses (Weinberg 1970). Aun así, la tensión aumentaba rápidamente con los checos en el verano de 1938 y la posibilidad de solucionarlo ya se había desvanecido para septiembre de ese año. El General Ludwif Beck creía que Alemania necesitaba colonias y la destrucción de Checoslovaquia era necesaria para obtener

---

75 Hermann Wilhelm Göring, 1893-1946: fue un político y militar alemán, miembro y figura prominente del Partido Nazi, lugarteniente de Hitler y comandante supremo de la Luftwaffe.
76 Ulrich Friedrich Willy Joachim von Ribbentrop: 1893-1946; político, diplomático, militar y Ministro de Asuntos Exteriores de la Alemania nazi desde 1938 hasta 1945.

la hegemonía total que buscaban en Europa. El Ministro de Exterior, Freiherr von Neurath, estaba determinado a destruir el Tratado de Versalles y extinguir la 'auto determinación de los checos' (Kitchen 1982).

En septiembre de 1938 se reúne Chamberlain[77] con Hitler en Berchtesgaden y Godesberg entre el 15 y 22. La preocupación principal era sobre el resultado de la guerra, porque le daría un Balance de Poder favorable al Bolchevismo (FRUS 1938). Hitler rechazo las propuestas de Chamberlain y le exigió la transferencia del territorio checo de inmediato. Estas exigencias de Hitler sobre el territorio checo fue una exageración para los británicos y en ese momento se dieron cuenta que la realidad de guerra con Alemania ya era inevitable. Hitler calculaba que si no actuaba rápidamente en realizar una guerra sus aspiraciones para hegemonía serian destruidas, así como su posición en el mundo. Bretaña, Rusia y tal vez los Estados Unidos ya estaban movilizando sus recursos para una guerra que sabían que en cualquier momento podía destallar. Alemania tenía que ser el primero en atacar y no permitirle a los otros poderes el tiempo para prepararse. (Hildebrand 1995). Esperar mucho tiempo no era opción para los intereses alemanes y tenían que actuar antes de que la ventaja de sorpresa se desvanecía.

El ambicioso plan naval de Hitler en 1938-39 posiblemente era el inicio de los preparativos para enfrentarse con los Estados Unidos y Bretaña, mucho antes de que los americanos tuvieran una participación relevante en Europa (Carr 1946). Considerando que la rivalidad anglo-alemana, era una de las principales razones por la Primera Guerra Mundial, los británicos no entendían porque los alemanes necesitaban una flota marina tan grande. Churchill[78] veía una flota a esa escala como un lujo para los alemanes. Internamente, Holstein veía tener una flota tan grande como

---

77 Arthur Neville Chamberlain fue un político conservador británico, Primer Ministro del Reino Unido entre el 28 de mayo de 1937 y el 10 de mayo de 1940.
78 Sir Winston Leonard Spencer Churchill: politico británico 1864-1965.

un error porque era una provocación a los británicos en un momento cuando el peligro de Francia y Rusia era más relevante (C.J. Bartlett 1984).

El plan de Hitler era consolidar su poder en Europa lo antes posible, y públicamente rechazaba cualquier oferta que no le regresara a Alemania las fronteras de 1914. Simplemente para Hitler, cualquier otra opción, no eran aceptable porque estarían encerrados territorialmente y eso los mantendría en un constante conflicto con los británicos por los embargos económicos, y un balance sistémico desfavorable. La realidad era que colonias y comercio solo eran soluciones temporales para los problemas alemanes, ellos tenían que buscar un espacio nuevo en el sistema para asegurar su autosuficiencia y poder satisfacer todas sus necesidades. Ese mensaje era claro para el mundo y todos los poderes lo sabían y lo entendían. Lo que Hitler pedía era racional bajo la lógica del Realismo y la Política de Poder.

En el invierno de 1938 ya circulaba nuevamente el rumor que Hitler estaba preparando una agresión a gran escala. El 14 de marzo de 1939 Hitler ordeno sus tropas a Praga y dos días después se declaró la protección alemana sobre Bohemia y Moravia. El 17 de marzo Rumania recibió un ultimátum alemán, declaro el embajador rumano en Berlín (Weinberg 1970). Eslovaquia, para evitar el conflicto, firmo un tratado de protección con Alemania el 23 de ese mes. Por la garantía de protección que le dio Bretaña y los poderes Occidentales a Polonia el 31 de marzo, Hitler finalmente tomar su primera acción bélica y lanzo la invasión de ese país en septiembre de 1939. Las garantías de protección que los poderes occidentales le habían ofrecido a Polonia no se respetaron y ese país quedo abandonado ante el ataque alemán.

La invasión inicio el 1 de septiembre de 1939 y dos días después la guerra si hizo general, involucrando a todos los poderes. En dos semanas los alemanes acabaron con los polacos, y la decisión de Hitler de cambiar el Balance de Poder y establecer un nuevo orden sistémico fue la principal razón de sus acciones. Todos los poderes entendían las intenciones de Hitler y lo estaban esperando desde su ascenso al poder en 1933.

Estados Unidos

Todos los poderes veían a los Estados Unidos como un futuro poder sistémico porque su producción industrial era más grande en todos los sectores que todos los poderes juntos. Pero, en ese momento histórico del Balance de Poder, los Estados Unidos no se interesaba abiertamente por el sistema internacional y se enfocaba principalmente en su propio continente.

Al inicio del siglo XX, los Estados Unidos ya estaba tomando un poco más de interés en los asuntos internacionales y la expansión de su flota naval anunciaba su interés en ejercer influencia en el Pacifico. Adquiero a Hawái y las Filipinas en 1898 y los industriales americanos estaban presionando la apertura de nuevos mercados extranjeros por la depresión económica de los 1890s (Bartlett 1984). Solo los mercados extranjeros iban a poder absorber los incrementos fenomenales de la productividad de los americanos a finales del siglo XIX. Era inevitable para los americanos tener que buscar nuevos mercados en el mundo para absorber esa producción y evitar el peligro que generaría una recesión y el descontento social. Nuevas soluciones tenían que ser encontradas. En ese momento, los políticos de los Estados Unidos veían los modelos imperialistas y consideraron que si los Estados Unidos no actuaba de forma concreta en el mundo era equivalente a aceptar su decline y entregarles el poder a otros (Iriye 1977). El presidente McKinley[79] trato de utilizar la guerra con España (1898) como motivación

---

79 William McKinley fue el vigésimo quinto presidente de los Estados Unidos, y el último veterano de la Guerra Civil que alcanzó ese cargo. Durante la década de 1880 fue un importante miembro del Partido Republicano.

para incrementar el interés de los americanos en asuntos internacionales y promover una política más agresiva, especialmente en el Oriente Lejano (Iriye 1977). Pero la ignorancia sobre el sistema internacional parecía ser una condición endémica en el continente americano a principios del siglo XX. Valentine Chirol del periódico *The Times* en su visita a Washington a fines de 1904 fue sorprendido por la ignorancia de la mayoría de los políticos sobre asuntos internacionales, algo que el presidente Roosevelt[80] después afirmo (M.B. Young 1968). Chirol solo pudo concluir que la política exterior de los Estados Unidos era la más difícil de predecir de todos los grandes poderes (Morrison 1976-78:284), porque los Estados Unidos apenas estaba aprendiendo sobre el sistema internacional y cómo manejar sus intereses dentro del mismo.

Poco a poco la participación internacional de los Estados Unidos empezó a tomar formar y sus intereses nacionales se empezaban a definir. Un ejemplo de estos intereses y maniobras es el tema asiático. Con la salida del presidente Roosevelt en 1909 y la entrada del presidente Taft (1909-1913) se perdió toda posibilidad de resolver el asunto chino en Manchuria porque la mano pesada del nuevo Secretario de Estado de los Estados Unidos, Knox, buscaba eliminar el interés financiero de los rusos y japonés en la zona para crear un capital internacional que le daba el control del ferrocarril a los chinos. A los británicos no les gusto esa maniobra americana y se negaron a participar. Los rusos y japoneses permitieron que intereses estratégicos prevalecieran por encima de los intereses económicos y establecieron una cooperación más intensa en contra de los Estados Unidos. El acuerdo inicial ruso-japonés de 1907 se fortaleció en 1910 para contra restar la presión americana. De esta forma Japón y Rusia mantendrían sus esferas de influencia y cooperarían en contra de ajenos en la zona. Todo sin considerar la política

---

80 Theodore Roosevelt, Presidente de los Estados Unidos 1901-1909.

"Open Door" y sin referencia a la integridad de China (Beale 1962).

La implicación de la relación estratégica entre Rusia y Japón era relevante. Le permitía a Rusia ser más activo en el Oriente Cercano y seguir compitiendo con Bretaña en la Persia, además convertirá a Japón en el rival principal de los Estados Unidos. Para los británicos la alianza anglo-japonés estaba perdiendo su propósito original y se había convertido en un tipo de póliza de seguros para proteger a Japón de los Estados Unidos (Hinsley 1977). Algo que no era de mucho interés para los británicos. La rivalidad que nace entre Japón y los Estados Unidos no tuvo mayores implicaciones sistémicas hasta después de la Primera Guerra Mundial. Los Estados Unidos ya estaba viendo el mundo en términos sistémicos y sus objetivos eran preservar su poder y estabilizar el mundo. La época de reconstrucción europea (1919-1931) le permitió a los Estados Unidos consolidar su economía para competir en la próxima guerra. En la Primera Guerra Mundial el sistema financiero de los Estados Unidos se vio rebasado por las necesidades financieras de la guerra. En cada etapa de la post guerra los Estados Unidos trato de fortalecer su capacidad militar y económica para asegurar su hegemonía en el nuevo orden sistémico, el Balance, y tener la capacidad para controlar su destino.

La expansión naval en 1934 de los Estados Unidos fue respuesta directa a la rivalidad con Japón y para tratar de impulsar la economía americana. La crisis económica de los Estados Unidos aun pesaba y el presidente Roosevelt declaro que Alemania, y no el comunismo, era responsable por la crisis mundial (Schewe 1969), y respondió con un programa de liberación comercial como la mejor forma de buscar la paz y el desarrollo económico mundial. Argumentaba que el libre acceso a mercados y materias primas debería de eliminar los conflictos en el sistema entre los poderes y castigar a ellos que van en contra de la paz. En octubre de 1937 el presidente Roosevelt dio su discurso de cuarentena hacia agresores (Roskill 1968). Entendiendo que el peligro alemán era innegable y decidió iniciar los preparativos militares para eventualmente sacarle la mayor ventaja sistémica a la guerra que se aproximaba. Pero la seguridad nacional de los americanos aún estaba ligada al Balance de Poder en Europa (Kennedy 1986). Independientemente de los peligros, los americanos practicaban aislamiento selectivo, porque le seguían vendiendo productos no militares a Alemania, Italia y a Japón, y por ello su seguridad estaba ligada directamente con los países liberales. El dominio de los poderes del Eje en Europa tenía un gran impacto en las américas, especialmente en la economía de Argentina porque 80% de su comercio exterior iba para Europa (MacDonald) y para rematar, los Estados Unidos calculaba que una victoria del Eje podría eliminar 50% de sus propias exportaciones y destruir 3 millones de empleos estadounidenses.

A principios de 1938 se dieron una serie de eventos que le obligaron a los Estados Unidos enfocarse directamente en los asuntos sistémicos: 1) los japoneses derrumbaron el buque militar estadounidense el *Panay,* 2) los británicos iniciaron el intercambio de información militar por si se encontraban en una guerra luchando contra el mismo enemigo, 3) el Departamento de Estado sospechaba de una participación alemana en el golpe de Estado en Brasil; 4) Roosevelt le aviso al Senado del peligro inminente que representaban los poderes del Eje para la seguridad de su país, América Latina y por supuesto Europa; y 5) inicia la segunda guerra mundial en septiembre de 1939.

Por cuestiones de seguridad, los Estados Unidos reinicio las compras "spot" de la plata mexicana para mantener tranquilo a los mexicanos y alejarlos un poco del Eje ya que México estaba tratando de jugar los dos lados. El secretario del Tesoro Henry Morganthau odiaba a los alemanes y fue el quien decidió continuar con la compra de la plata mexicana (Blasier 1986). Sabía que, si México quedaba aislado, los alemanes podrían ganar una ventaja estratégica en el continente aliándose con ellos. Anteriormente, los Estados Unidos habían cancelado sus compras de la plata por las presiones de los industriales americanos relacionados con la expropiación. El valor estratégico de México era evidente y los Estados Unidos no iba arriesgar su frontera Sur por presiones internas o intereses de sus industriales. Los peligros para la seguridad nacional estaban presentes en todos lados para los Estados Unidos. Una de las principales preocupaciones era un posible enfrentamiento naval con Japón. Fácilmente la flota japonesa podría derrotar a la flota estadounidense (Shirer 1959). Japón funcionando como un contra peso para mantener a los Estados Unidos fuera de la guerra en Europa (Shirer 1960: 872). Primordialmente para los Estados Unidos la seguridad de su continente, y no el europeo, era su principal preocupación. Por ello las acciones favorables hacia México eran tan significantes y representaban una gran oportunidad estratégica en ese momento histórico.

Con el ataque japonés en Pearl Harbor ya no hubo forma para que los Estados Unidos se mantuvieran al margen de la guerra. Con la entrada de los Estados Unidos se establece la gran alianza en 1942 con Rusia y la Gran Bretaña. En ese mismo año Roosevelt anuncio el programa de Buen Vecino, lo que implicaría que los Estados Unidos ya no iban a intervenir en américa latina. Esto le permite más libertad a México en asuntos internos y la libertad para enfrentar el sistema internacional sin la preocupación de ser invadido por su propio vecino al Norte. Las alianzas estratégicas en estos momentos de crisis representaban actos sistémicos. Las convicciones ideológicas no caben en las acciones sistémicas. Rusia sabía que los Estados Unidos estaban en contra de su ideología comunista y los regímenes socialistas, pero para proteger su lugar en el sistema, tanto los Estados

Unidos como Rusia, tenían que buscar alianzas con países ideológicamente diſtintos para mantenerse como poderes en la poſt guerra. Las alianzas eran lógicas bajo el modelo Realiſta.

Alemania se convirtió en un verdadero peligro siſtémico cuando logro la capacidad militar de conquiſtar los países que la rodeaban. En ese momento tomar el control o pelear por los mercados mundiales eſtaba a su alcance. Las consecuencias para los Eſtados Unidos eran el aislamiento económico y un eventual ataque a sus fronteras. En base a eso, los Eſtados Unidos_planeo sus acciones con el fin de eſtablecer un nuevo orden siſtémico sumamente favorable para ellos y sin alguna rivalidad económica, política y tal vez militar. En esperar tanto tiempo para entrar a la guerra, ya que Bretaña y Francia eſtaban en ruinas, implicaba de forma segura que el nuevo Balance de Poder y la economía mundial no iba eſtar bajo el control de esos dos países. Los Eſtados Unidos, Rusia y China serían los nuevos poderes en el nuevo orden siſtémico. Alemania, igual que los otros poderes, eſtaba en ruinas y su recuperación seria lenta. Pero el verdadero poder sería los Eſtados Unidos, el fin siſtémico que buscaban desde un principio. Parecía que tenían un plan eſtratégico y buscaban el reajuſte siſtémico sin provocarlo. Entendían las oportunidades y piſtas que el siſtema ofrecía y las aprovecharon al máximo.

Cuando los Eſtados Unidos entran a la guerra, lo hace con una eſtrategia clara para asegurar las ventajas siſtémicas. Fortalecer esas ventajas en el siſtema fue su prioridad después de la guerra (Bartlett 1984:91).

Japón

A principios del siglo XX, la causa directa de la guerra ruso-japonesa (1904-05) revelo la importancia de las consideraciones eſtratégicas del Eſtado (Malozemoff 1958). La inveſtigación moderna (sobre esa guerra) sugiere que en ambos países la política fue creada por la elite política-militar sin considerar las presiones del exterior (Clubb 1971). Es decir, las presiones internas superaron los intereses sistémicos. En Japón, una oligarquía de menos de 20 hombres se encargó del futuro japonés. Los funcionarios de mayor edad buscaban la paz, pero las acciones provocativas de Rusia en Corea (1904) solo fortalecieron los argumentos bélicos del Partido de Guerra e incrementaba el temor de que el tiempo ya no estaba a favor de los japoneses. En Rusia, los que decidieron sobre el futuro del país fueron el Zar, los ministros, y el nuevo Virrey del Lejano Oriente. Este grupo se enfocó en definir claramente los intereses rusos a defender en el Lejano Oriente y de qué forma defenderlos, y no se trataba de una expansión imperialista. En realidad, los rusos se estaban deshaciendo de su compromiso con Corea y en la zona, pero los japoneses interpretaron todo lo contrario. Lo que si era de importancia para los rusos era limitar las ventajas estratégicas de Japón en la península de Liaodong. Aun así, con sus intereses definidos existía la confusión entre los ministros rusos porque no sabían cómo asegurar sus intereses en Manchuria: concentrarse en el Norte y los arrendamientos de los ferrocarriles, o buscar ventaja para expandir su esfera de influencia en las zonas Orientes. Muchos ministros querían un acuerdo con Japón, aunque fuera temporal, pero no pudieron acordar los términos (Clubb 1971:125-33) y la confusión e incertidumbre siguió creciendo entre ellos.

Obviamente, los japoneses no sabían de la confusión interna de los rusos. Para ellos, la política rusa parecía organizada y bien definida, y no iban a ceder el acceso a Manchuria. Los japoneses no tenían planes de guerra, pero para mantener su lugar en el sistema estaban obligados a pelear y eliminar todos los posibles peligros que existían y condiciones que les limitaban sus opciones. Japón considero que para asegurar sus intereses en esa zona tendrían que entrar a una guerra con Rusia lo más pronto posible, porque los rusos, por todas sus confusiones internas, no pudieron darle respuesta a la demanda japonesa a principios de 1904 y los japoneses interpretaron eso como una táctica para ganarle más ventaja al ferrocarril Transiberiano. La lógica de la Política de Poder estaba empujando a los japoneses hacia una guerra solo porque existía una mínima posibilidad de victoria (Okamoto 1970). Para Japón, la alianza con Bretaña les daba seguridad ante Francia, así como el apoyo del presidente Roosevelt que tenían en ese momento. La oligarquía japonesa supo mantener sus relaciones en orden, demostrando una alta capacidad de *realpolitik*[81] *(Okamoto 1970)*. Era evidente que los japoneses tenían un conocimiento claro del sistema internacional y cómo funcionaba la Política de Poder.

Los japoneses actuaron e iniciaron la guerra en febrero de 1904. Su capacidad militar y naval les dio un éxito que sorprendió a todos los expertos. Pero, la guerra genero una inmensa presión sobre los recursos del Estado que tuvo que ser aliviada con préstamos británicos y americanos. En las pláticas de paz[82] en Portsmouth, Nuevo Hampshire, Estados Unidos, resulto un tratado que les negó indemnización de guerra a los japoneses por la lucha diplomática de los rusos, pero sus reclamos por Corea si fueron reconocidos y heredaron las concesiones de Rusia en Manchuria, así como la parte Sur de las islas de Sakhalien. Fue la primera vez, desde las victorias turcas en el siglo XVI, que un poder europeo había perdido contra un poder oriental (Andrew 1968:289-99). Con esta victoria ya se hablaba del surgimiento de Japón como poder y el posible peligro que representaba una alianza China-Japón para el occidente. Poco después los rusos y japoneses se unieron para defender el nuevo Estatus quo que la guerra había creado, y con eso los Estados Unidos

---

81 Una política diplomática basada en la búsqueda agresiva de intereses nacionales sin interesarse por consideraciones éticas o filosóficas.
82 Septiembre 5, 1905 se estableció el tratado de paz.

se convertiría en el rival principal de los japoneses.

El verdadero efecto de la guerra rusa-japonesa fue sobre las relaciones estratégicas entre los poderes europeos. Poco después del inicio de la guerra en abril 1904, se firmó el *Entente Cordiale Anglo-Francés*. Esto por supuesto le preocupo a los alemanes y les obligo buscar mejorar su relación con Rusia o establecer una alianza con ellos. Un acuerdo de esa naturaleza podría crear una brecha entre Francia y Rusia, o impulsar a los franceses unirse a la nueva alianza ruso-alemana, todas opciones lógicas de la Política de Poder. La preocupación principal la declaro Tirpitz, el ministro de Alemania, porque tal alianza podría llevarlos a una guerra con Bretaña, porque los dejaban susceptibles a un ataque sorpresa. Los alemanes buscaban una política exterior mucho más cautelosa porque una revolución en Rusia podría contaminar al Estado alemán. En Julio de 1905 el káiser se reunió con el Zar Nicholas II en Bjorko y parecía que un acuerdo ya estaba en mano. Pero por la incertidumbre que sentía el Káiser, la situación aún se complicaba más. Los ministros rusos argumentaron que un acuerdo ruso-alemán podría debilitar sus relaciones con Francia y quedarían muy dependientes de los alemanes. De nuevo la lógica y racionalidad de la Política de Poder era abrumadora y dirigía la política y acciones de los poderes, y no les permitió establecer una alianza que reducirá el peligro entre dos poderes solo porque pondría en peligro el Balance del Sistema. Un Balance que le daba la ventaja a un tercer país.

En 1907 inició una nueva carrera armamentista (Bridge 1972) porque todos los poderes sospechaban de cada uno, aunque existían acuerdos y enlaces entre todos. Estas mismas naciones ya llevaban más de 100 años en batallas estratégicas y se conocían muy bien, salvo los Estados Unidos. Todos los conflictos entre ellos habían surgido por intereses económicos y por asegurar el delicado Balance de Poder en Europa. La conferencia de la Haya de 1907 diseñada explícitamente para limitar el armamento provoco exactamente lo contrario. Para todos, un nuevo acuerdo armamentista era bienvenido, pero eso les daría una clara ventaja a los británicos porque les permitirá mantener su ventaja militar. El ambiente era uno de intriga y sospechas: los británicos pensaban que los alemanes trataban de convencer a los rusos y francés abandonar sus alianzas británicas; los austriacos pensaban que los británicos solo querían humillar a los alemanes y acusaron a los británicos de querer buscar una guerra para destruir a los alemanes (Bridge 1972).

Fue ese escenario europeo la razón que las siguientes décadas serian complicadas estratégicamente para los japoneses. En Japón, por los esfuerzos de Mitsubishi, el comercio con Australia se duplico entre 1921-33. Aun con ese desarrollo económico, argumentaban los japoneses que no era posible ser autosuficientes por el tamaño del intercambio comercial que tenían con los Estados Unidos y Bretaña, y esa internacionalización de su economía los limitaba para resolver ese problema económico de la autosuficiencia (Mitsubishi {ERB} 482). Una guerra con los poderes del Occidente no era algo que buscaban los intereses industriales de Japón (Roberts 341), pero los políticos japoneses ya entendían el desafió y límites para lograr su autosuficiencia, y entendían que una guerra, eventualmente, era inevitable.

Las barreras económicas de los poderes Occidentales en contra de Japón en los años 30, obligo que los japoneses sean más proactivas y audaces en el sistema. La respuesta agresiva de Japón solo iba incrementando por su dependencia a los contratos militares de los *Zaibatsu*[83] para hacer crecer su economía. Hasta el momento los japoneses solo estaban reaccionando a los constantes cambios en el sistema que ocurrían y no estaban creando políticas para impulsar cambios sistémicos a su favor. En esencia eran esclavos del sistema sin la posibilidad de dirigir su propio destino y así

---

83 En Japón, el término Zaibatsu (財閥, zaibatsu) define a un gran grupo de empresas que están presentes en casi todos los sectores de la economía.

sería su realidad hasta cambiar el Balance.

En un panfleto publicado por las fuerzas armadas japonesas en 1934 titulada La Esencia de la Defensa Nacional y Propuestas para Fortalecerla se argumentaba que los esfuerzos de la postguerra que iniciaron en 1919 no estaban funcionado y que la actual situación mundial requería de políticas radicales, y argumentaba que todas las políticas nacionales deberían ser subordinadas a las necesidades de la defensa nacional para tener la capacidad de realizar una guerra, y era necesario formular un 'gran plan nacional para los próximos cien años.' Se proponía una política exterior basada en términos raciales en el cual ellos serían los líderes de Asia y estarían en contra de los poderes occidentales (Morely 1976). De esta forma definieron sus intereses sistémicos los japoneses y tomaron el control de su futuro sistémico iniciando la creación de políticas y acciones que iban a provocar un cambio en el sistema a su favor.

A medianos de 1930 no existía una amenaza inmediata para los japoneses. Aun así, con esa relativa tranquilidad, el general Ishiwara en 1936 veía la necesidad de una guerra contra los poderes occidentales en menos de 6 años (Bartlett 1984:164). Japón continúo con sus negociaciones con Alemania y acordó el *Anti-Comintern Pact* en noviembre de 1936, solo para reforzar su posición ante Rusia. El ejército japonés demostró placer por el pacto con Alemania, y en 1937 se le incluyó a Italia para mantener relaciones cercanas con poderes occidentales (Morley 1976). Algunos militares japoneses, como Tojo Hedeki, primero veían la necesidad de eliminar el peligro que representaban las fuerzas de Kuomingtan[84] antes de poder realizar una guerra con Rusia que ya veían como probable en menos de 3 años (Crowley 1966). Primero, tenían que asegurar la seguridad regional y después impulsar los cambios sistémicos. De forma clara, los japoneses estaban desafiando simultáneamente al sistema

---

84 Partido político que gobernó China entre 1927 a 1948.

y a los poderes occidentales para reposicionarse y buscar ser un poder relevante en el Balance.

Sin duda, en ese momento, Japón vivía tiempos muy complicados económicamente por las inversiones en los programas de rearmamento para fortalecer su poder militar. La economía japonesa estaba bajo serias presiones y no tenían acceso a recursos para exportar, y por ello los Estados Unidos pudieron incrementar sus exportaciones al norte de China entre 1938-40 (Boyle 1992) generándole presiones económicas adicionales a los japoneses. En 1941, Japón aun no era un poder auto suficiente, solo una guerra exitosa en contra de los Estados Unidos y Bretaña podría darle esa libertada económica. En combinación con sus intereses económicos, el escenario para Japón era claro, así como las acciones que tenían que realizar para mejorar su situación en el Balance de Poder. Con sus objetivos sistémicos bien definidos, las políticas y acciones japonesas les dieron claridad a sus intereses, y de esa forma actúo para mejorar su situación sistémica antes y durante el ajuste sistémico.

La Gran Bretaña

La realidad británica parecía ser la más compleja de todos. Como hegemónico tenían que estar cuidándose de todos los poderes para mantener su ventaja militar y económica en el sistema. Constantemente estaban involucrados en batallas políticas y económicas con Rusia, Francia y Alemania. Además, tenían que cuidarse del peligro comunista que amenazaba invadir a Europa. El tamaño del imperio británico los obligaba a establecer alianzas que en realidad no querían, pero eran necesarias para mantener su poder económico y el Balance a su favor.

Uno de los asuntos que los británicos tenían que resolver para mantener seguro su imperio era el asunto de Asia con los rusos. Antes de 1905 los líderes de Rusia no tenían ningún interés en acordar con Bretaña sobre los asuntos pendientes en

Asia. El mismo Zar era antibritánico y los veía igual que a los "despreciables judíos" (C.J. Bartlett 1984:50). Además, los rusos querían provocar una rebelión de negros en Sudáfrica solo para desafiar a los británicos. El Zar también trato de llevar al Banco Imperial Británico en Persia a la quiebra, por medio del banco ruso en 1906. Las finanzas del imperio ruso eran la prioridad del Zar y tenía que buscar una alianza que le sirviera para retar a los británicos en distintas partes del mundo. Su única condición para formar una alianza era la disponibilidad de recursos financieros que se le podría a su disposición. Buscaban una cooperación estratégica con Alemania o Austria-Hungría, pero no se pudo llegar a un arreglo financiera con ellos, y mantuvo a Francia como el financiero principal de su imperio. Por el compromiso financiero, los franceses obligaron a los rusos escuchar propuestas británicas sobre los asuntos en Argelia y buscar una solución. En ese momento de 1906 la primera Duma[85], estaba claramente a favor de los británicos y en general muy anti alemán, situación muy complicada para el Zar.

Para esta fecha, Alemania ya se perfilaba como el rival principal de los británicos en el cercano y mediano oriente, y el ferrocarril Berlín-Bagdad ya representaba tanto un peligro como una ventaja para los rusos. Grey, el ministro británico, buscaba varios arreglos con un solo fin: resolver los pendientes con Rusia, y a la vez incluir a Francia en una alianza trilateral que sería la más poderosa entre todos los poderes[86]. La principal razón de tras de las acciones británicas era para asegurar sus intereses comerciales y no intereses sistémicos. En realidad, ninguno de los países quería un arreglo, pero los rusos se veían obligados por las condiciones internas de la revolución de 1905 (Abramsky 1974) y los británicos por mantener sus ventajas económicas.

---

85 Una duma (en ruso: Ду́ма) es cualquiera de las diferentes asambleas representativas de la Rusia moderna y de la historia rusa.

86 Irónicamente, unos años después cuando los rusos nuevamente se convirtieron en el rival principal de Bretaña, se utilizó la *entente* como limitante para las acciones rusas.

El 1 de enero de 1907 el famoso memorándum de Eyre Crowe de la Oficina de Exterior Británica analizaba la relación anglo-alemana. Se determinó que Alemania quería avanzar como un poder mundial y los británicos solo tenían que determinar lo que buscaban y evaluar las consecuencias e implicaciones de esos intereses. Pero, lo que no podían determinar era si en darles lo que buscaban se iban a tranquilizar o hacerse más implacables. A final de cuentas, Crowe concluyó que no se le podría conceder sus exigencias a Alemania porque en hacerlo pondría en peligro todos los intereses británicos (Bartlett 1984). Argumento que la política de Alemania no seguía un patrón de expansión, sino un patrón sin sentido, impráctico y no entendían las consecuencias de sus propias acciones (Bridge 1972). Poco tiempo después se dio el arreglo anglo-ruso de agosto de 1907 que dividió a Persia en tres esferas: el Norte para los rusos, el Sur para los británicos, y en el centro una zona neutral que servía como barda de contención. Alemania veía esto como una nueva ventaja rusa y como otro desafío que los limitaba. La *Entente* entre estos países duro de forma precaria hasta 1914.

Los poderes imperialistas estaban obligados a mantener la supremacía económica. Para ellos, era mucho mejor mantener el mundo bajo su control económico que bajo su control político-militar. Bretaña, siendo el poder imperialista más importante, ya tenía mucha experiencia con esa estrategia y sabía ejercerla, y de esa forma seguía manipulando el sistema a su favor. Después de la Primera Guerra Mundial, el nuevo Balance empieza a generar los mismos problemas para los británicos que el Balance anterior. El nuevo resurgimiento de Alemania empezó a crear inestabilidad en todo el sistema. Después de casi 15 años de una relativa paz en Europa, los problemas inevitables del sistema volvieron a presentarse. La preocupación principal de los británicos eran las concesiones para mantener la paz. Concesiones que le darían ventajas a Rusia, Japón y tal vez los Estados Unidos, ventajas que no estaban dispuestos a ceder en lo económico. Los británicos veían la nueva inestabilidad como culpa de los franceses por los problemas que género el Trato de Versalles. Lord Lothian no estaba dispuesto a mantener un *Estatus quo* en Europa que solo iba generar inestabilidad (Butler 1960). Las condiciones sistémicas les obligaban a los británicos prevenir otra crisis en Europa y tomar acciones militares preventivas para eliminar los peligros que se estaban desarrollando, acciones que nunca tomaron. Algo que si trataron de hacer, pero no lo lograron para mantener su ventaja, fue aplacar a los otros poderes antes de generar más conflictos.

En 1933, los rusos aseguraron reconocimiento diplomático ante los Estados Unidos y dejaron de referirse a la Liga de Naciones como la '*Liga de Rateros Imperialistas*' (Weinberg 1990). Por sus problemas internos y rivalidad con Japón, los rusos acordaron pactos de no agresión con sus vecinos europeos entre 1933-34 para asegurar su posicionamiento en el sistema y formar alianzas estratégicas. Después el Canciller ruso Litvinov, le aseguro a los alemanes que los pactos establecidos no fueron creados para encerrarlos (Ulam 1968). Rusia fue admitida a la Liga de Naciones en septiembre de 1934. Pero, los británicos no estaban de acuerdo porque solo estaban dispuestos a defender hasta su frontera natural, el Río Rin, no les interesaba de defender el Este de Europa. La entrada de Rusia a la Liga de Naciones les complicaba el escenario a los británicos, pero eran situaciones que tenían que aceptar para seguir manteniendo una estabilidad sistémica.

Neville Chamberlain, el Canciller del Exchequer británico, propuso un pacto con Japón en 1934 para reducir el peligro entre ellos y poder enfocarse en rearmar las fuerzas británicas para poder enfrentar el nuevo peligro alemán. Dicho acuerdo genero muchas complicaciones en su relación con los Estados Unidos y se vieron obligados abandonar sus esfuerzos para un acuerdo con Japón (Trotter 1975). La interferencia de los Estados Unidos para bloquear ese acuerdo incremento sus tensiones con Japón, y eso igual afectaba la relación con los británicos. Además, Chamberlain tenía la presión del *estatus quo* de Europa y Asia que no iba poder mantener si los británicos demostraban debilidad en el Lejano Oriente, porque eso le podría dar vida a movimientos antibritánicos en otras partes del mundo (Shai 1984). Los británicos estaban sintiendo la presión sistémica por todos los rincones de su imperio y la Política de Poder los limitaba en algunos aspectos para actuar decisivamente y eliminar lo que ellos percibían como peligro.

Para reducir tensiones en Europa, se firma un trato naval entre Alemania y Bretaña en 1935. Para Alemania esto solo era una táctica para neutraliza a los británicos y ganarse un poco de tiempo. Los alemanes estaban dispuestos a limitar su tonelaje naval a una tercera parte a la de los británicos, y a la vez pudieron incrementar su capacidad submarina (Warner 60-92). Hitler les advirtió a los británicos que existía una amenaza Bolchevique y les dejo claro que cualquier arreglo con Rusia pondría en peligro la paz entre ellos (Bartlett 1984). Para 1936 el temor de ofender a Alemania era el factor más grande sobre las acciones británicas con Rusia (Manne 1981). La delicadez de mantener a los alemanes tranquilos y a los rusos como aliados debilito la influencia británica para mantener un Balance a su favor, y su capacidad para identificar claramente el peligro sistémico que enfrentaban. Los británicos aún se veían como la máxima potencia mundial, y lo eran, pero sus acciones sistémicas solo buscaban mantener esa posición y no eliminar el peligro que representaba Alemania para su hegemonía. Nuevamente el error que se cometió fue poner los intereses internos antes de los intereses sistémicos.

El tratado que habían aceptado los británicos con los

alemanes en 1935 fue por la determinación japonesa en no firmar tratados de limitaciones navales por su compromiso en la expansión masiva de su flota. La paz que surgió por el tratado anglo-alemán fue vista como una paz vacía (Roskill 2004). Ningún peligro había sido eliminado con ese tratado y los británicos no se protegieron de los alemanes, y le abrieron la puerta para poder realizar una guerra en menos de 5 años.

Lord Gladwyn[87] pensaba que una Alemania prospera y conciliada debería ser una meta británica porque le daría estabilidad y seguridad al sistema. Pensaba que con las ventajas económicas en el Este de Europa Alemania se uniría a los poderes occidentales para mantener la paz y limitar los avances comunistas (Gladwyn 1972). En reuniones con Hitler, Lord Gladwyn se aseguraba por mencionar su desprecio por el comunismo, por Versalles, así como por las razas latinas. Consideraba como mejor gente a los alemanes que a los francés o italianos. Su preocupación era que una derrota alemana la convertiría en un país comunista (Middlemas & Barnes 1969) y eso pondría en peligro a toda Europa. Existían varias preocupaciones que agitaban al continente para los británicos; por un lado, Mussolini y su ataque en Abisinia en 1935, y por otro los problemas que genero la guerra civil española en 1936, como ejemplos. La inestabilidad sistémica ya estaba presionando a todos los poderes, y veían viable una guerra para sanar las diferencias del Balance y para estabilizar el continente de forma permanente.

La preocupación británica de crear una alianza en contra de Alemania, Italia y Japón podría generar la guerra que trataban evitar (Middlemas & Barnes 1968). La esperanza de una alianza con los Estados Unidos se desvanecía por la actitud aisladita de los americanos, aunque existía una

---

87 Hubert Miles Gladwyn Jebb, Primer Barón de Gladwyn, más conocido como Gladwyn Jebb, 1900-1996, fue un político y diplomático británico, fundador y primer secretario general de las Naciones Unidas, cargo que desempeñó entre 1945 y 1946.

preocupación mutua por el crecimiento naval japonés, y los británicos tampoco podían hacer de menos su naciente rivalidad con los Estados Unidos (Roskill 2004). En 1937 los británicos iniciaron su programa de rearmamento revelando la inevitable posibilidad de guerra con Alemania. El rearmamento era un asunto muy delicado por la situación económica interna y la crisis económica que podía generar. Además, adquirir fondos en los Estados Unidos no era posible porque la *Johnson Act* y la *Neutrality Legislation* no permitían realizar préstamos con fines militares. Y sin el apoyo de los Estados Unidos, Bretaña no tenía posibilidades reales en una guerra contra Alemania (Hinsley 1977).

En abril de 1938 los británicos convencieron a los franceses y a los checos entregar grandes concesiones a Alemania para mantener la paz europea. Igualmente, les avisaron a los franceses que no podían esperar un apoyo automático en caso de un ataque alemán, algo que fortaleció la determinación de Hitler en atacar lo más pronto posible (Bullock 1952). Ese mismo año, los británicos les dieron concesiones a los americanos en asuntos económicos para establecer un acuerdo comercial y para darle aviso a los alemanes que los Estados Unidos no podía ser ignorado en el Balance de Poder (Reynolds 1981). La potencia más importante del mundo entendía la relevancia de los Estados Unidos y concedió ver el mundo bajo una nueva realidad. Bretaña se ajustó a la realidad sistémica para mantenerse en el poder, o por lo menos sobre vivir el ajuste sistémico que estaba por darse. Los Estados Unidos entendían que si Japón y Alemania controlaban Europa y Asia su seguridad estaría en peligro, y por esa cuestión de seguridad hicieron a un lado su rivalidad con los británicos y aceptaron realizar acuerdos estratégica.

El interés británico en esta época había estado enfocado en mantener el Balance de Poder a su favor (Bartlett 1984), algo que era lógico dentro del Realismo Político. Pero, su alianza con los Estados Unidos fue una clara revelación de un cambio de táctica y enfoque. Estos actos de Política de Poder e interés sistémico son un gran ejemplo para poder entender el mundo y para aprender de los grandes poderes. Está claro que la Política de Poder lleva a los países hacia la racionalidad y hasta el conflicto (Bartlett 1984:74). Actuaron e interpretaron como lo tenían que hacer porque la guerra no era evitable, y eso era una realidad que se tenía que reconocer para actuar correctamente. La cuestión sistémica tenía que ser resuelta y los británicos hicieron lo que tenía que hacer por medio de alianzas, inversiones y guerra para mantenerse en el sistema después del inevitable ajuste que se aproximaba. Entendían su realidad y sus posibilidades reales, y establecieron políticas y acciones para triunfar bajo esas condiciones sistémicas. Y a final de cuentas, de eso se trata: de tener la capacidad de entender el sistema internacional porque eso te permite posicionarte, hacer alianzas estratégicas y tener éxito.

Italia y Francia

En Julio de 1934 Mussolini acerca 100,000 soldados al Paso del Brennero[88]. Una acción provocativa para incrementar su poder político frente a Francia y Bretaña. Esto se debe a que Hitler, en marzo de ese año, ya había incrementado sustancialmente su presupuesto militar obligando una reacción de todos los poderes. Italia entendía que la situación sistémica le daba un poco de libertar porque Bretaña no podía atender todos los peligros sistémicos que se estaban presentando. Desafortunadamente, para Mussolini quien buscaba una victoria contundente en Abisinia para dar aviso de su capacidad militar, su guerra podría ser contraproducente y atraer la atención del público británico, así como la Liga de Naciones, lo cual podría obligar una reacción de los poderes de la Liga. Aun así, Mussolini se mantiene en posición para

88 Paso de montaña de los Alpes orientales, situado a 1.371 metros de altura, en la frontera entre Austria (provincia de Tirol) e Italia (provincia de Trentino-Alto Adigio).

atacar, creando tensiones sistémicas.

En 1935, Francia firmo el Tratado de Asistencia Mutua para asegurar su lugar en el sistema porque no se podía arriesgar a que los poderes capitalistas se unan en su contra después de la guerra. En abril de 1935 el Embajador americano en Roma veía improbable que Francia y Bretaña pudieran cooperar seriamente con Rusia porque dicha cooperación solo invitaría al comunismo al corazón de Europa (FRUS 1935). Para los poderes liberales, el Comunismo era uno de los peligros más grandes del momento y a la forma de vida de sus naciones. Las declaraciones anticomunistas de los poderes eran fuertes y claras. Con tanta claridad en el tema de la ideología de izquierda y el comunismo, ningún país podría decir que no entendían la postura de los poderes occidentales sobre ese tema. El comunismo y la izquierda eran los enemigos declarados de todos los poderes liberales del mundo. En eso no existía alguna duda.

Finalmente, en octubre de 1935 Mussolini inicia su ataque contra Abisinia. Pero por el temor de perder unas divisiones contra Italia y estar vulnerables contra los japoneses, los británicos y la Liga de Naciones, incluyendo los franceses, no reaccionaron de forma relevante al ataque italiano (Middlemas & Barnes 1969). En realidad, ningún poder liberal quería ver la derrota de Mussolini porque eso les daría fuerza a los comunistas en Italia y nadie quería eso. Las sanciones que le impusieron a Italia por su agresión no tocaban el petróleo, el arma económica más poderosa del momento, y por lo tanto fue un castigo simbólico. Incluir el petróleo en la sanción podría haber obligado a los italianos declararles la guerra a los británicos, obligándolos a pedirle apoyo a Francia, algo que no era seguro por las divisiones políticas internas que ese apoyo (a los británicos) podría causar (BD 2nd Series 1946).

El acuerdo italiano-francés para la defensa de Austria les limitaba las opciones a los británicos y le daba más libertad a Italia en esa situación. Además, el peligro ruso y alemán le obligaba a los estados actuar de forma sistémica y no solo en términos de intereses internos propios porque, a final de cuentas, la seguridad siempre es el interese primordial. Mantener estable el Balance garantizaba la seguridad de todos, y eran situaciones complejas que tenían que maniobrar con capacidad y conocimiento para asegurar la estabilidad. Todos estaban envueltos en ese delicado juego del Balance y todas esas políticas y acciones tenían que tomar eso en cuenta.

El fracaso del Plan Hoare-Laval [89] en 1935 para contener a Mussolini solo beneficio a Hitler. La intención era unir a los italianos con Francia y la Gran Bretaña y reconstituir el Frente de Stresa, algo que hubiera limitado severamente las aspiraciones y capacidades de Hitler. Irónicamente, la estrategia que los franceses y británicos establecieron pare reducir la amenaza de Hitler, solo reforzó su posición (Waley 1975).

En 1935 se realizó la Convención "Asegurar la Defensa Conjunta de Austria" por Francia e Italia (Robertson 1971). Esto era para los franceses una forma de fortalecer su posición frente a Alemania. Los franceses, por su crisis económica y pocos nuevos ingresados a sus fuerzas armadas, estaban obligados a concentrarse en la defensa de sus fronteras al Este (R.J. Young 1978). Iniciaron pláticas con los italianos y rusos para proteger sus compromisos en el Este de Europa y mantener su credibilidad política-militar. Los franceses si protestaron las acciones de Mussolini en Abisinia, pero no actuaron militarmente. La posición francesa ya era muy débil y su lugar en el sistema ya no estaba en sus manos. Su

---

89 El Pacto de Hoare-Laval fue una propuesta de diciembre 1935 del Secretario de Relaciones Exteriores británico Samuel Hoare y el Primer Ministro francés Pierre Laval por terminar la Segunda Guerra Italo-Abisinia. Italia había querido apoderarse de la nación independiente de Abisinia (Etiopía) como parte de su imperio italiano y también vengar la batalla de 1896 de Adwa, una derrota humillante. El Pacto ofreció dividir a Abisinia y logró el objetivo del dictador italiano Benito Mussolini de convertir a la nación independiente de Abisinia en una colonia italiana. La propuesta encendió una tormenta de reacción hostil en Gran Bretaña y Francia y por lo tanto nunca entró en vigor

inacción y el creciente poder alemán les cerro las puertas a toda acción estratégica y los otros poderes no estaban dispuestos a defenderlos. Aun se complicaban más las cosas cuando Bélgica se declaró neutral el 14 de octubre de 1935, dejando a Francia aún más aislado sin una dirección clara. Francia había perdido el control de su futuro y no había mucho que podía hacer a esas alturas, y sus opciones eran extremadamente limitadas por inacción sistémicas.

D.C. Watt nos recuerda que casi toda Europa estaba cerca de una guerra civil en los 30s (Watt 1975). Afortunadamente para los poderes, solo España la vivió. Muchos temían que una guerra en Europa podría dejarlos expuestos a las influencias del comunismo, la izquierda y la influencia rusa, cambiaba todo el contexto interno de los grandes poderes. Internamente, la derecha francesa veía peligrosa la relación que la izquierda tenía con Rusia y el impulso que le podría dar en la política nacional. Para los franceses, la duda de pelear, ya se les había desvanecido y concluyeron que para recuperar su lugar en el sistema, pelear, era su única y mejor opción (Adamthwaite 1977).

Cuando Mussolini no acepto el acercamiento de los rebeldes el 19 de Julio de 1936, igual que los alemanes, los franceses empiezan a intervenir a favor de los Republicanos el 25 de Julio. Esa maniobra de Francia obligo a Mussolini cambiar su decisión con los rebeldes españoles. Mussolini se preocupaba por la posibilidad de una combinación hostil franco-española bajo un liderazgo izquierdista anti italiano (Coverdale 1975). La situación mejoro para Mussolini la noche del 25-26 de Julio: Hitler decido apoyar a los generales españoles, eliminando las posibilidades de la izquierda española. La intervención fue limitada por el peligro de precipitar la guerra europea y darle ventaja al comunismo y a los rusos. Bretaña estableció su parámetro de acción: de ninguna forma se podría apoyar a los comunistas (Middlemas & Barnes 1969).

Se acordó una política de no intervención entre los poderes en agosto de 1936, aunque todos los poderes continuaron sus políticas de intervención. El acuerdo era la mejor forma de evitar un enfrentamiento entre ellos (Middlemas & Barnes 1969). Rusia tuvo que calcular su intervención muy cuidadosamente. No quería ver otra victoria de los fascistas y tenía que mantener fuerte su alianza con la izquierda. Le preocupación principal para Rusia era el peligro que corría si su intervención a favor de la izquierda llevaba a Bretaña y Francia a unirse.

Para Hitler, la guerra española tuvo mucha utilidad. Principalmente, fue un campo de prueba para su nuevo armamento; segundo, la guerra incremento la dependencia de Italia hacia Alemania; también degrado las relaciones italianas con Bretaña y Francia; incremento el miedo del comunismo en Europa Occidental; y finalmente, fortaleció el sentimiento aisladito de los Estados Unidos. La guerra civil española tuvo un gran impacto sistémico porque limito las opciones de los poderes y confundió a todos, menos a los alemanes.

Rusia aún no estaba para arriesgarse militarmente en el continente, su programa de industrialización estaba en sus primeras fases y se estaba recuperando de la crisis agrícola y de las grandes *Purges*. Para el 18 de abril de 1938, los rusos propusieron el pacto para asistencia mutua entre los tres poderes en caso de agresión. Todo empezó cuando los británicos les solicitaron a los rusos una promesa pública el 14 de abril de ese año para apoyarlos en caso de una agresión alemana. Para contrarrestar este esfuerzo ruso-británico, los alemanes inician un gran esfuerzo diplomático el 2 de agosto, y para el 23 producen el pacto Nazi-Soviético. Los alemanes les prometieron a los rusos una esfera de influencia sobre el Este de Europa, incluyendo a Polonia. Básicamente, se le estaba permitiendo regresar a su posición europea anterior a 1914.

Bajo esta situación, los rusos no sabían con quién alinearse, o con los británicos o alemanes, o qué lado les iba generar mayores oportunidades, o si era mejor mantenerse neutral. Cuando los alemanes atacan a Polonia el 1 de septiembre de 1939, los rusos aprovecharon y atacaron a los finlandeses el 30 de noviembre de 1939 en su 'guerra de invierno' que ahora se conoce como la "guerra falsa," y para el 13 de marzo de 1940 termino y se estableció la paz. Los rusos incansablemente seguían buscando una multitud de formas para mejorar su posición sistémica, ampliar su seguridad e incrementar su poder político en el continente.

En enero de 1940, Mussolini le había pedido a Hitler considerar la paz porque calculaba que no era viable una victoria contra el Occidente. Seguramente, pensaba Mussolini, que los Estados Unidos no se iba mantener neutral si Francia y Bretaña estarían cerca de la derrota. Además, el mismo Mussolini se preocupaba porque veía que el verdadero vencedor iba ser el comunismo, y eso era un peligro para todos en el continente. A Hitler no le intereso ese argumento, y entre el 9 de abril y el 22 de junio de 1940 sus fuerzas arrollaron a Dinamarca, Noruega, Holanda, Bélgica y Francia.

Con la victoria garantizada en Francia, Mussolini se alinea con Hitler el 10 de junio para formar parte del Eje. Las victorias de Hitler contra esos países, principalmente Francia, fue lo que finalmente convenció a Mussolini. La victoria de Alemania en Francia despertó las ambiciones imperialistas de Mussolini y por ello entra a la guerra. Pero aún más relevante, su alianza con Alemania le aseguraba su lugar en el sistema después del ajuste.

----- CUATRO

México Ante la Realidad Sistémica

Es relevante presentar las principales políticas y acciones de los dos presidentes de México que enfrentaron el cambio sistémico entre 1934 a 1942 para determinar si obedecían un patrón lógico para atender los peligros de la realidad sistémica, capitalizar oportunidades, o si simplemente ignoraban las realidades y obligaciones del sistema internacional. Sin duda son pocas las políticas y acciones que se seleccionaron porque, en realidad, no hay muchas con relevancia o enfoque sistémico.

Se han presentado las políticas y acciones históricas de los poderes en una narrativa enfatizando las obligaciones y presiones sistémicas que genera el Realismo Político para clarificar cómo operaban los estados poderosos en el sistema internacional y para identificar las estrategias que cada uno trato de implementar para mantener o inclinar el Balance a su favor. La historia de las principales políticas y acciones de los países más poderosos en los últimos 200 años se desarrolló para dar claros ejemplos de las estrategias basadas en la Política de Poder en la constante batalla por el control del sistema internacional que se ha luchado entre ellos para darle un contexto Realista a las políticas y acciones de México. Bajo esta perspectiva del Realismo Político se analizaron e interpretaron las principales políticas y acciones de México en la época del último ajuste sistémico.

En 1934, los poderes se estaban repartiendo el mundo. Alianzas se estaban formando y el sistema estaba por vivir un ajuste sin precedente en los tiempos modernos. Todas las rivalidades militares en Europa se iban a enfrentar y los problemas históricos del Balance mundial se iban a resolver definitivamente. Fue la época más importante del sistema moderno por esa razón. Los objetivos principales de los grandes poderes era mantener un Balance favorable para poder abrir nuevos mercados en todo el mundo y crear oportunidades para su capital. Para los países democráticos y liberales, esa era la visión. La necesidad de establecer un dominio económico en el mundo era lo que impulsaba a los grandes poderes (Koch 1972). Pero Alemania tenía otros dos objetivos muy claros: 1) la dominación militar del sistema y 2) la destrucción y eliminación total de todos sus rivales.

Antes y después de la Primera Guerra Mundial, México tenía el lujo de ser observador en la política internacional porque el papel de los Estados Unidos aún no estaba bien definido en el sistema y el contexto sistémico para México era estar en la sombra de ese país. Ningún poder iba entrar a México sin una reacción fuerte de los Estados Unidos, y eso mantenía a México dentro de su esfera de influencia y todos los poderes entendían esa realidad. Para 1934 México ya no tenía ese lujo de ser observador porque el potencial económico y militar de los Estados Unidos ya había definido una guerra mundial y su participación en la Segunda Guerra Mundial no solo iba a definir el Balance de Poder, sino definir la estructura del sistema. Para México, era obligatorio participar para definir su propio lugar dentro del sistema, o si no, otros iban a definir su lugar y su papel dentro del orden mundial.

Todos los poderes esperaban y se prepararon para una segunda guerra mundial para resolver de forma definitiva el

Balance y si no entendías eso como país, ignorabas de las realidades del sistema internacional y la Política de Poder que dominaba el mundo.

Cárdenas: 1934-1940

En 1934, cuando entra el General Lázaro Cárdenas a la presidencia de México, el país estaba por vivir una de las épocas más problemáticas de su historia, porque durante esos años el sistema estaba viviendo cambios estructurales que acercaban a los poderes a otra guerra mundial. La política mexicana con este nuevo presidente es claramente populista, izquierdista, enfocada en lo interno, y provocando grandes conflictos con el único país que podría ser su aliado natural en el sistema internacional. Antes y después de llegar a la presidencia, Cárdenas tuvo que enfrentar realidades sistémicas internacionales, primero como general en el ejército y después como mandatario. Uno debe concluir lógicamente que su formación y experiencia como general durante esa época histórica le dio una perspectiva clara de cómo funcionaba el sistema internacional y la política de poder. Es por ello que la rivalidad histórica entre, Japón, Rusia, Bretaña, Alemania, Italia, Francia y los Estados Unidos, así como el antecedente de la Primera Guerra Mundial, eran condiciones sistémicas que Cárdenas tenía que haber dominado desde su tiempo como militar para tener éxito en el sistema como presidente.

Además, una nueva realidad en el sistema era la rivalidad Japón-Estados Unidos que maduró en 1933 y para 1934 estaba en niveles peligrosos de enfrentamiento y eso cambiaba todo el contexto de la seguridad en Norte América. Las necesidades sistémicas de los japoneses los obligo a enfrentarse con los Estados Unidos, simplemente no tenían otra opción. Por cuestiones sistémicas y la naturaleza de la Política de Poder, la rivalidad incrementaba en su intensidad y tensión constantemente. Japón, siendo uno de los poderes grandes, entendía que para ser una verdadera potencia y autosuficiente tenía que eliminar o reducir el poder de los Estados Unidos porque limitaban sus opciones comerciales y sistémicas; todas realidades que Cárdenas tenía que tener presente. Los japoneses, además, buscaban un acuerdo con Bretaña, porque la hegemonía en el Oriente de Asia y el Pacifico Occidental no era alcanzable para ellos; también estaban obligados acordar con Francia sobre el futuro de China. La situación japonesa era compleja porque ellos buscaban un nuevo lugar en el sistema y su objetivo era eliminar todos los obstáculos que limitaban su poder y crecimiento dentro del mismo.

Las batallas estratégicas entre los poderes solo era una dimensión de lo que Cárdenas tenía que enfrentar. También estaba la situación rusa y como afectaba al sistema internacional, porque Rusia quería ver al Comunismo conquistar a toda Europa y estaba interviniendo y apoyando a los izquierdistas en el continente sin provocar a los poderes. Otra situación era la guerra civil de España que impacto directamente al sistema internacional y al Balance de Poder.

Esencialmente, ese es el entorno internacional que hereda Cárdenas al llegar a la presidencia. La dinámica de la rivalidad sistémica y la complejidad del sistema internacional no son cosas simples y fácil de percibir, pero para asegurar un buen futuro para México cada mandatario estaba obligado dominar esas complejidades del sistema.

Las siguientes políticas y acciones del presidente Cárdenas representan el enfoque principal de su mandato en términos de cómo respondió México a las realidades del sistema internacional. Filosóficamente, el objetivo principal de su presidencia fue una transformación de la política nacional a una claramente de izquierda que se basó en el aspecto social de la revolución y que estaba en contra de las ideologías de los poderes liberales. Parte de esa filosofía política de Cárdenas era limitar los derechos de los extranjeros en el país, ponerle fin a las Confirmaciones de Concesiones Petroleras e iniciar la Reforma Agraria.

Los peligros más grandes para los poderes liberales como los Estados Unidos o Bretaña eran el comunismo y la ideología de izquierda. Para los Estados Unidos, tener un vecino comunista o izquierdista no era una opción real por las implicaciones sistémicas y la seguridad de Norteamérica. La política de México obligo a los Estados Unidos verlos como un posible peligro para el desarrollo y seguridad del continente y la filosofía liberal que dominaba el sistema internacional. México como vecino del país que potencialmente podría salir de una segunda guerra mundial como el más poderoso del mundo, tanto en lo militar como en lo económico, los obligaba a entender las oportunidades estratégicas de esa situación para mejorar su posición en el sistema y asegurar su desarrollo económico. Pero México prefiero retar a los Estados Unidos sin entender las implicaciones negativas a largo plazo.

Las políticas y acciones mexicanas son claramente socialistas y en conflicto directo con los poderes liberales que buscaban darle una dirección al sistema en base al libre comercio, apertura económica, integración, y democracia. Los poderes del Eje, aunque no democráticos, igual fortalecían valores anticomunistas, derechistas y avanzaban los valores capitalistas e imperialistas. En términos sistémicos y en base al Realismo, México se estaba alineando con Rusia ideológicamente y eso severamente iba limitar su relación con los Estados Unidos. Al estar ideológicamente opuesto a los americanos y alineado con un país que potencialmente iba representar el rival sistémico más fuerte después de la guerra, México se estaba cerrando las puertas al desarrollo y a una alianza natural en el sistema. Era evidente para cualquier observador del sistema internacional que los Estados Unidos nunca iba permitir la presencia de Rusia en México y dejarlo crecer como potencia de izquierda. Era una aspiración sin posibilidades reales creer que México podría ser un país de izquierda aliado a Rusia.

En 1936 el presidente Cárdenas incremento la participación de los sindicatos en la vida nacional, integrándolos a su partido para posicionarlos en el proceso político interno, y se establece la CTM bajo el Marxista Vicente Lombardo Toledano. Como resultado directo del nuevo poder del sindicato, se les manda a las empresas petroleras el contrato colectivo que se basa en las condiciones establecidas por el código de 1931, exigiendo salarios más altos, pago de huelga, doble pago por tiempo extra, inclusión administrativa, y vacaciones pagadas. El contrato colectivo fue rechazado por los ejecutivos petroleros, iniciando una nueva serie de conflictos entre los inversionistas internacionales y el Estado mexicano. Pero más relevante, México sigue buscando enfrentamientos ideológicos entre los valores liberales y los valores socialistas.

Los industriales extranjeros no iban a permitir que un Estado como México, sin poder económico o militar, los trate de manipular. Empezaron a buscar formas de atacar la economía mexicana, eliminando nuevas inversiones y tratando de convencer a otros industriales de reducir su capital en el país. Incrementaron tanto las tensiones entre el Estado mexicana y los industriales por estas acciones, que el presidente tuvo que imponer un periodo de tranquilidad de 6 meses en noviembre de 1936 para tratar de reducir esas tensiones. Esa acción fue una sugerencia de los Estados Unidos para mantener la economía mexicana estable y para evitar disturbios internos.

En junio de 1937, el ferrocarril de México es expropiado y se establece el Consejo de Arbitraje y Conciliación para resolver el asunto con los industriales extranjeros. Algo sorprendente, y un golpe para los industriales extranjeros, fue que los Estados Unidos no intervino de forma directa o agresiva por parte de los inversionistas por querer mantener positiva su relación con México por la guerra que se aproximaba. Al parecer, México no lo vio de esa forma, sino como una victoria de su política izquierdista. La amenaza que representaban los países fascistas y el comunismo obligaba a los Estados Unidos no aplicarle una mano dura a México y mantener un relativo control de la situación para no perjudicar la relación con su vecino.

Para los Estados Unidos la relación con México era mucho más compleja que las acciones internas que afectaban a unos industriales. La crisis sistémica y la seguridad eran mucho más relevantes en ese momento. Tolerar las políticas y acciones de México fue una decisión estratégica para limitar la penetración del Eje en ese país. La verdadera respuesta a México de estas acciones tendría que esperar hasta que pase la guerra y se conozca la situación internacional del ajuste sistémico. Por el momento, los Estados Unidos no iba a complicar esa situación o generar conflictos que pongan en juego la seguridad de Norteamérica. México ignoro esa preocupación estadounidense de seguridad, o simplemente nunca la percibió, y solo se enfocó en lo interno, limitando sus opciones económicas con los Estados Unidos y los inversionistas internacionales a largo plazo. Las acciones de México indican que no veían el contexto sistémico en la toma de decisiones, sino la ventaja interna que le podían sacar a la crisis mundial para perjudicar al capital extranjero y asegura el control del entorno político del país.

Los industriales petroleros rechazaron el fallo del Consejo de Arbitraje que se había formado para atender este problema del contrato colectivo y a consecuencia de ello, México expropia el petróleo en marzo de 1938. Para evitar serias consecuencias, como una invasión militar, Cárdenas les garantiza la compensación a los inversionistas extranjeros de forma inmediata para tranquilizar a los Estados Unidos y sus intereses comerciales. Los Estados Unidos acepto la oferta mexicana y no toma alguna acción seria o directa por la expropiación. El gobierno británico, por no tener asunto de seguridad o de relevancia, prefirió romper su relación con México. Para los británicos, igual que a los americanos, era un tema sin consecuencias que se podía atender después de la guerra. La única acción que se tomó por los Estados Unidos, Bretaña y Francia fue boicotear el petróleo mexicano como respuesta económica, y con esa acción rechazaron a México como posible aliado en la guerra por ser un país con simpatías hacia la ideología de izquierda. Los industriales extranjeros reaccionaron con mucha más agresividad a la expropiación. Ellos reforzaron sus presiones para eliminar la inversión extranjera en México y provocar la fuga del capital tratando de derrumbar la administración de Cárdenas. Querían ver el colapso total del Estado mexicano y su economía por la expropiación.

Como apoyo simbólico adicional a los capitalistas y mostrar solidaridad con sus industriales, los Estados Unidos suspende la compra de plata mexicana para ejercer otra presión indirecta. Las acciones de los Estados Unidos en dejar de comprar plata representaban un ataque directo a la economía mexicana. La misma táctica económica se ejerció cuando Alemania ataco a Austria, e Italia a Abisinia. México fue reprochado de la misma forma que lo fueron los enemigos más grandes de los Estados Unidos. En términos políticos, veían a México en la misma categoría que veían a los países del Eje: como enemigos y un peligro para la seguridad del sistema. A nivel internacional, toda acción política tiene significado que se debe entender, pero nadie en el sistema te lo va a explicar si no lo entiendes. Es un sistema anárquico, y es una ventaja para los poderosos si eres débil, y además si no entiendes lo que está pasando eres fácil de manipular.

En 1938 Cárdenas inicio ventas petroleras con Alemania, y en 1939 con todos los poderes del Eje. Era claro que México tenía que compensar la pérdida de capital por la suspensión de compras de los Estados Unidos, Francia, Bretaña, entre otros.

El castigo que los Estados Unidos le aplico a México seguía siendo económico y hasta parece que estaban retándolos para que se acercaran más al Eje para justificar una invasión si fuera necesario. No se ve que México haya intentado mejorar esa situación en ese momento, sino simplemente inicio una relación comercial con países que no le podían ofrecer absolutamente nada a largo plazo, y además eran los enemigos de los Estados Unidos. Puede ser que igual fue una forma para presionar a los Estados Unidos para que viera que México merecía más respeto del que se le demostraba. A final de cuentas, fue una decisión que carecía, en su totalidad, de un conocimiento estratégico del sistema. De la misma forma, ignoraba la realidad que un país como México no puede presionar a una potencia del sistema, porque no tiene poder económico, ni militar, en el mundo, o aliados poderosos que lo vayan a defender, y depende totalmente de la voluntad de los países que dominan el sistema. Estas simples, pero relevantes, realidades se ignoraron por completo en la toma de esas decisiones por México.

México le vendía casi el 65% de su petróleo a los enemigos de los Estados Unidos (Alemania, Italia y Japón), resultado directo de la expropiación por la gran crisis económica que generó y por la falta de capital para cumplir con sus obligaciones de deuda con los industriales extranjeros. Desafortunadamente, México no recibía mucho efectivo por sus ventas con el Eje, sino pagos principalmente en forma de canjeo; por ejemplo, Italia pago con dos tanques para transportar el petróleo y básicamente así pagaban estos países con materiales industriales y no con efectivo. No era el mejor arreglo para México, pero tuvo que continuar con sus ventas al Eje por no tener otras opciones para generar recursos con los países liberales.

Esta relación económica entre México y el Eje pudo haber conspirado en contra de la relación México-Estados Unidos y aun marginar más a México con los poderes del mundo. Los Estados Unidos en su plan militar con Bretaña ya contemplaban el peligro que representaba México y el golfo. Con o sin el apoyo de México, los alemanes iban a entrar a esa zona y los Estados Unidos ya estaban preparado para esas circunstancias. Solo en caso de guerra, los Estados Unidos iban a presionar a México cooperar con el esfuerzo de los Aliados. Pero, por el momento, México iba estar aislado y se le iba permitir venderle petróleo a quien sea para que cumpla con sus obligaciones y el país siga a flote. Esta serie de circunstancias creadas por la expropiación petrolera de Cárdenas en un momento de crisis mundial, solo genero serios limites en la relación estratégica con los Estados Unidos y los poderes liberales del mundo, y se cometieron aún más errores al tratar de manipular la crisis a favor de los intereses políticos internos de México.

Otro error de Cárdenas fue adoptar una postura política antifascista por las presiones y castigos económicos que se le estaban aplicando los poderes liberales, cuando los poderes del Eje eran los únicos que le estaban comprando petróleo a México. Irónicamente, en el momento en que los países fascistas le estaban ayudando a México aliviar su crisis económica, México decide atacar esa relación comercial y tomar una posición antifascista. El motivo real de esa decisión podría estar fundamentada en que Cárdenas entendió que no se les podía tener confianza a los poderes del Eje, y en una posible guerra, la infraestructura de México sería destruido por los Estados Unidos para asegurar la frontera sur; O, hubo una amenaza directa de los Estados Unidos y no le quedo de otra a México más que alinearse con su vecino del Norte, aunque solo simbólicamente.

La realidad estratégica es que Cárdenas no podía acercarse más a los poderes del Eje porque las implicaciones en tiempos de guerra serian devastadoras para México. No está claro si hubo algún intento de Cárdenas ampliar esa relación con el Eje y los Estados Unidos le aplico un ultimátum para que definiera su postura como aliado o enemigo. Esta especulación, y enfatizo especulación, podría explicar las acciones erradicas de Cárdenas, al no ser así tendríamos que concluir que existía una gran confusión, tanto en Cárdenas como en su equipo, sobre como operar exitosamente en el sistema internacional y, además, no tenían una estrategia concreta con objetivos bien definidos para darle claridad a la toma de decisiones. Por ello, las acciones de México en este momento revelan ser impredecibles y erráticas.

Con su postura antifascista ya establecida, el presidente Cárdenas intenta negociar con el presidente Roosevelt y en 1936 le propone, en secreto, un boicot en contra de los países agresores por medio de una alianza interamericana, aunque en ese momento México aún le estaba vendiendo petróleo al Eje (Blasier 1989). Aunque esta propuesta fue buena y el primer acto de Cárdenas para trata de establecer una relación estratégica con los Estados Unidos, desafortunadamente la realiza 4 años muy tarde y después de que el mismo enveneno la relación México-Estados Unidos. Esta acción de Cárdenas muestra un poco de ingenuidad sobre el manejo de la política a nivel internacional. Después de actuar en contra de los Estados Unidos y sus intereses económicos durante varios años, y después de no tener existo en su relación económica con los poderes del Eje, trata de conciliar la relación con los Estados Unidos y propone una alianza interamericana anti-Eje. Es evidente que Cárdenas intento corregir la serie de graves errores que había cometido en los últimos años y trato de jugar un papel más responsable y sensato ante las realidades del sistema internacional para darle confianza a los Estados Unidos y sanar la relación que el mismo había complicado en esos momentos críticos del ajuste sistémico.

La propuesta de la alianza interamericana fue rechazada por Roosevelt casi de inmediato. Un claro mensaje para México que su oportunidad de aliarse ya se había pasado y no iban a ser tomados en cuenta en la época de la post guerra, y la relación entre estos países estaba destinada a ser una de desconfianza y de pocas oportunidades para México. En abril de 1940, México rechaza la propuesta del Canciller de los Estados Unidos, Cordell Hull, para resolver el tema petrolero por ser un asunto interno y continuando con su postura negativa hacia ese país. Por la cercanía de una posible guerra, los Estados Unidos pierden interés sobre este asunto y deja de presionar a México. Simplemente, no eran temas de relevancia en ese momento y había asuntos mucho más complejos que atender. En junio de 1940, los Estados Unidos le extienden una invitación al presidente Cárdenas para enviar representantes militares a Washington para establecer una colaboración militar estratégica que le permitiera el uso del territorio mexicano y bases navales durante la guerra. Cárdenas acepto, pero todas las condiciones de la colaboración militar las dicto los Estados Unidos, México no tuvo el derecho de proponer nada sobre los términos de ese acuerdo. Es posible que esta colaboración haya sido por medio de un ultimátum, y en no colaborar, México estaba expuesto a sufrir la destrucción de toda su infraestructura para prevenir que los aliados la pudieran utilizar para invadir a los Estados Unidos.

La colaboración militar México-Estados Unidos fue el único acto mexicano que realmente cumplió con los criterios del sistema internacional y atendió la realidad sistémica que todos estaban enfrentando. Cárdenas tardo seis años en lograr una acción realmente sistémica, aunque se le dictaron las condiciones y básicamente estaba obligado aceptarlas. En realidad, no fue un acto estratégico de México, sino una decisión que tuvo que tomar en base a una opción que se le dio.

En Diciembre de 1940, cuando termina el mandato de Cárdenas, ya se había transformado todo el entorno del sistema político nacional. Principalmente, se estableció el institucionalismo del Estado como arbitró de todos los asuntos públicos y privadas; Metió a México en una crisis económica que duraría 30 años para superar; debilito su relación estratégica con los Estados Unidos; debilito a México económicamente; rompió relaciones diplomáticas con Bretaña; y desperdicio una oportunidad estratégica para asegurar el desarrollo de México en la época de la postguerra. La presidencia de Cárdenas, en realidad, no ayudo a México, ni a corto ni a largo plazo. Genero muchos más problemas estratégicos que beneficios, y no solo retrasó el desarrollo económico de México, sino también lo limito severamente.

La realidad sistémica para todos durante la época del mandato de Cárdenas era de peligro, y cada acción, alianza o política iba tener relevancia para el futuro de cada país. Bajo ese clima de inestabilidad sistémica y una condición internacional peligroso, México no muestra interés en los asuntos internacionales estratégicos por el hecho de que Cárdenas no busca proactivamente desde el principio de su mandato desarrollar alianzas estratégicas militares con los Estados Unidos, Inglaterra o Francia. En realidad, Cárdenas no se preocupó por el tema del poder internacional mexicano, el posicionamiento sistémico, o alianzas estratégicas para enfrentar los peligros de guerra y fortalecer los intereses económicos del país. El enfoque de Cárdenas fue principalmente interno, así como resolver los problemas que genero con los Estados Unidos e industriales por las expropiaciones y las acciones populistas de izquierda que los poderes liberales estaban tratando de eliminar en Europa.

Parecía que México no se preocupa por la inestabilidad o inseguridad del sistema internacional causado por las presiones de izquierda a las economías liberales de Europa. En el peor de los casos, México simplemente no entendía lo que estaba pasando en el mundo y siguió actuando internamente, pensando que sus acciones no tenían impacto en el mundo exterior y el tema del nuevo Balance que buscaba Hitler, así como una posible_guerra mundial, no eran temas de relevancia para México. Todos los poderes calculaban que la guerra llegaría en menos de cinco años en 1934, tal vez México nunca vio esa posibilidad como algo real. Lo que si fue una realidad durante el mandato de Cárdenas era el peligro alemán y como eso había alterado al sistema internacional al punto de que todos los países estaban en espera de otra guerra que iba definir el Balance de Poder de forma definitiva.

Ávila Camacho: 1940-1946

En diciembre de 1940 entro el nuevo presidente de México. Ávila Camacho, cambio la dirección de la política nacional hacia un enfoque a la participación privada en la propiedad, y en parte deja atrás las tendencias de Cárdenas. Una acción que podría ser vista como una corrección de los graves errores cometidos a nombre de la ideología socialista de Cárdenas. Ávila Camacho limito la formación de ejidos, elimino el apoyo formal del Estado a los sindicatos, y les puso límites a los derechos de los huelguistas, como ejemplo de sus políticas y acciones de ideología anti socialista. Esto, sin duda, con el fin de mejorar la relación con su vecino del norte.

Hubo resultados inmediatos con la nueva postura de la política mexicana. Las ventas petroleras en 1941 incrementaron drásticamente a 43.4 mdb.[90] Un incremento dirigido por la guerra en Europa y los consumos industriales en los Estados Unidos. Fue por la guerra, y por ser el nuevo presidente de México, que se le permitió a Ávila Camacho un nuevo acercamiento con los Estados Unidos para sanar la relación que Cárdenas dejo en malas condiciones. La nueva apertura política entre ambos países para colaborar en nuevos temas y resolver los pendientes fue una oportunidad que Ávila Camacho acepto.

---

90 33.61% 1940; 40.61% 1941 a ee.uu: 44 mdb en 1940; 78 mdb en 1951; 116.8 mdb en 1961; 177.3 mdb en 1971; 191.5 mdb en 73. Mdb: millones de barriles.

En abril de 1941, un nuevo tratado para la cooperación estratégica entre México y los Estados Unidos se realizó, y ese mismo año se acordó el valor de la expropiación para ponerle fin a ese asunto. Básicamente, la misma propuesta que México rechazo con Cárdenas, Ávila Camacho acepto para darle solución a un problema que había generado una crisis económica y política con los países y empresarios más poderosos del mundo. Al resolver el tema de la expropiación, otros acuerdos se pudieron realizar para atender los reclamos agrarios, la venta de plata, créditos para México y las relaciones comerciales. Todos estos temas se atienden a solo unos meses antes del 7 de diciembre de 1941, el día que los japoneses atacan el Puerto de Perla[91]. Sin duda Ávila Camacho recupero mucho de la confianza que Cárdenas perdió ante los Estados Unidos para lograr entrara a la época de guerra como un "aliado" de ellos, pero el daño y desconfianza iba seguir afectando esta relación estratégica porque México no había demostrado ser un vecino confiable.

El resultado del Acuerdo de Cooperación Estratégica entre México y Estados Unidos se dio a medianos de 1941 con el acuerdo *Control y Exportación de Materiales Estratégicos y el Transito Reciproco de Aeronaves Militares*. Y para finales de 1941, México finalmente logra resolver todos los pendientes entre ambos países en el *Acuerdo Global* (*Global Settlement*) (Blasier 1986), un acuerdo que atendía principalmente los intereses privados de los inversionistas norte americanos. Los términos del Acuerdo Global se los dicto los Estados Unidos a México, y ambos acuerdos se realizan principalmente por iniciativa de los Estados Unidos para asegurar el continente Norteamericano. A México se le ofreció lo más mínimo en beneficios para asegurar su lealtad durante la guerra, y lo acepto porque, en realidad, no tenía otra opción.

Realizar, o más bien aceptar, este acuerdo fue una decisión

---

91 Pearl Harbor.

acertada del presidente Ávila Camacho porque al parecer el entendía que no había beneficio alguno enfrentarse con los Estados Unidos, cuando el mundo estaba en guerra. Sin duda, hay grandes desventajas económicas para México en aislarse de los Estados Unidos y acercarse a los izquierdistas del mundo y por ello Ávila Camacho le dedico atención al asunto estratégico con los Estados Unidos para reducir los daños que existían en esa relación. El gran resultado de las acciones de Ávila Camacho fue estabilizar las relaciones con los Estados Unidos y no empeorarlas.

Por esforzarse en sanar la relación bilateral, los Estados Unidos vuelven a ver a México como vecino y no como un posible peligro para la seguridad de Norteamérica. Claro que las acciones del presidente Ávila Camacho no eran relevantes en términos sistémicos en el sentido del posicionamiento estratégico de México, pero realmente esa posibilidad se desvaneció con Cárdenas y lo mejor que pudo hacer Ávila Camacho era volver a ganar la confianza de los Estados Unidos, algo que, si se logró para buscar algunos beneficios económicos a largo plazo. Creo que en México aceptaban que tenía que ganar nuevamente su lugar como vecino confiable y leal de los Estados Unidos, aunque sus acciones anteriores ya habían puesto en duda esa confianza. Con el nuevo esfuerzo de México, ya por lo menos, podían ver un futuro como aliados y no enemigos.

En Abril 1942, México oficialmente acepta el valor de lo expropiado en US$43.6 mdd[92] con Estados Unidos al firmar el *Acuerdo Cooke-Zevada*, dejando oficialmente el asunto de la expropiación en el pasado para enfocarse al cien en los asuntos relacionados con la guerra, como las actividades de espionaje del Eje dentro del territorio mexicano.

El 2 de septiembre de 1942 Ávila Camacho convoca la reunión de todos los expresidentes de México en donde se estableció un plan estratégico para la seguridad nacional y

92 La deuda petrolera con Estados Unidos se pagó entre 1949-1962. Deuda con los británicos se valuó en US$130 mdd.

para contrarrestar el espionaje del Eje en México, así como para proteger las instalaciones petroleras (Humphreys 1982). Ávila Camacho estaba respondiendo no solo a las realidades del sistema, sino respondió directamente a los peligros sistémicos que ya se estaban manifestando en su territorio. Como parte del esfuerzo mexicano y de su plan estratégico de seguridad nacional, proveían materias primas y mano de obra a los Estados Unidos. Con Ávila Camacho se pudo consolidar el papel de aliado con los Estados Unidos e integrarse al esfuerzo norteamericano en contra de los poderes del Eje. Claro, era un papel limitado para México sin duda, pero ya estaban incluidos en el esfuerzo de guerra y para los Estados Unidos eso representaba un problema menos que atender.

Cuando los japoneses atacan el Puerto de Perla el 7 de diciembre de 1941 y los Estados Unidos entra oficialmente a la Segunda Guerra Mundial, México declaro que el ataque en el Puerto de Perla era un ataque sobre su propia soberanía y rompió relaciones[93] con Japón el 8 de diciembre, el mismo día que los Estados Unidos le declaro la guerra a Japón (Herring 1962). El 11 del mismo mes, México rompe relaciones con Alemania e Italia, después de que ellos le habían declarado la guerra a los Estados Unidos. Pero, México no le había declarado la guerra a ningún país europeos del Eje porque trato de mantenerse neutral en la guerra. Cuando los alemanes hundieron dos de sus barcos de carga, México se vio obligado abandonar su neutralidad y por fin le declaro la guerra a Alemania y al Eje el 22 de mayo de 1942. Sin duda, un acto simbólico en términos reales, pero con algo de relevancia en términos de la relación bilateral con los Estados Unidos. México se tardó casi 6 meses para realizar un acto simbólico en un momento crítico de la guerra y aunque fue un acto obligatorio demostró que México no calculaba bien el tema estratégico, o peor, no lo entendía.

---

93 Por su compromiso en el Acuerdo de La Habana de 1940.

De este momento en adelante las acciones de Ávila Camacho, como las de México, dejan de tener impacto sobre esta investigación porque el peligro más grande era la guerra y cuando inicia la guerra, todas las alianzas ya se habían realizado y las oportunidades ya se habían aprovechado, o perdido. Ávila Camacho hizo un gran esfuerzo en recuperar terreno perdido en la relación bilateral, pero más no iba poder lograr por los errores de Cárdenas en términos sistémicos. Sanar y mejorar la relación con los Estados Unidos fue el logro más grande de México en toda esa época en términos sistémicos. Al no haberlo hecho en ese momento de tensión sistémica, los Estados Unidos hubiera destruido la infraestructura mexicana al entrar a la guerra para proteger su frontera sur. Aun así, el esfuerzo de México en esta época de guerra fue muy poco y muy limitado en su alcance sistémico. Los daños generados en la relación estratégica con los Estados Unidos durante el cambio sistémico limitaran los alcances de esta relación y el desarrollo de México por mucho tiempo y los condeno a la periferia del sistema de forma permanente en el nuevo sistema.

Conclusiones

Los peligros de la inestabilidad sistémica, provocados por la lucha del Balance de Poder, generaron enfrentamientos inevitables que llevaron al mundo a dos guerras mundiales. Dichas guerras eran necesarias para resolver el tema de la inestabilidad sistémica y los poderes del mundo así lo entendían y así lo esperaban. Ellos veían esa inestabilidad como un aspecto natural del sistema que generaba oportunidades para avanzar sus metas estratégicos y para formar alianzas que fortalecían sus intereses económicos en el mundo, así como su posición en el sistema. Los momentos de inestabilidad sistémica, y el peligro de guerra, eran los momentos para identificar quien realmente puede ser un aliado en el mundo y quién no, porque en esos momentos se pueden identificar los intereses que cada país realmente quiere defender. Es en esos momentos históricos, que no se dan muy seguidamente, en donde se fortalecen las alianzas duraderas que generan el crecimiento económico a largo plazo y les permiten a los países crecer y posicionarse en la cima del poder mundial. Si un país no está dispuesto a pelar por su futuro y no entiende las realidades del sistema mundial, está destinado a fracasar y siempre ser un país de segunda en ese sistema. México no supo cómo ganarse un lugar a lada de los poderosos, porque nunca entiendo las realidades del sistema mundial y nunca demostró ser un verdadero aliado para los que luchaban por la libertad del mundo y el control del sistema mundial. Esa realidad, condeno a México a su actual posición en el sistema y por el momento no hay forma de cambiarla.

Esta investigación detalló los por menores más relevantes de la batalla del Balance de Poder para dejar claro cómo operaban los poderes en el sistema internacional y para resaltar las acciones estratégicas de cada país en esa lucha por el control del sistema y de mercados. Se enfatizaron esos momentos de reacción sistémica cuando la posición de un país estaba en peligro, porque solo así se pudo establecer un patrón claro de acciones que demostraron claramente los propósitos y fines muy específicos de cada país, y asegurar que no eran acciones aisladas o al azar. De hecho, igual se identificaron las acciones cuando eran motivadas por intereses internos y no sistémicos para demostrar el impacto negativo de dichas acciones.

En cada caso que se presentó, se aplicaron las teorías políticas que dominaban el sistema, y como esas teorías estaban presentes en las acciones de los países. Claro ejemplo de la aplicación de la teoría es evidente en las políticas y acciones de Alemania cuando se convierte en un verdadero peligro y tenía la capacidad de tomar los países que la rodeaban. A consecuencia de su poder, encuentra fuertes aliados en Italia y Japón, porque los tres eran países que buscaban cambiar su posición en el sistema y tomar control de los mercados mundiales para asegurar su propia prosperidad y dominio. Cada país entendía que, sin el control de los mercados y la eliminación de sus rivales, ellos nunca podrían ser autosuficientes, tener mayor prosperidad económica, o aspirar a quitarles la hegemonía a los británicos. Todo ello es un claro ejemplo de cómo la teoría se aplica para analizar el sistema y actuar bajo ciertos principios teóricos para avanzar los intereses estratégicos nacionales.

Los peligros sistémicos entre los rivales eran claros

para todos. Los Estados Unidos enfrentaban un aislamiento económico y un eventual ataque en sus fronteras si los poderes del Eje llegarían a dominar el sistema. Las acciones estratégicas de los Estados Unidos tenían que tomar en cuenta esas realidades para asegurar su éxito en el futuro. Analizando las acciones de los Estados Unidos, ellos buscaron aprovecharse del ajuste y crear un nuevo orden sistémico sumamente favorable para ellos, eliminando rivales económicos y militares. En esperar tanto tiempo para entrar a la guerra, ya que Bretaña y Francia estaban en ruinas, los Estados Unidos aseguro un nuevo Balance de Poder en donde ellos estarían en control de la economía mundial, los mercados y el sistema internacional. Después de la guerra, los nuevos poderes del sistema serían los Estados Unidos, Rusia y China. Es posible que los Estados Unidos busco este fin desde el principio. Parecía tener un plan estratégico que buscaba reajustar el sistema sin provocar esos cambios. Las doctrinas del Realismo y las de la Políticas del Poder le permitieron a los Estados Unidos, ver el panorama político de forma muy compleja y de largo plazo, algo que no es evidente en las políticas mexicanas. Los países que se forzaron por entender el sistema vieron las oportunidades y las aprovecharon al máximo. Irónicamente, aunque los poderes del Eje perdieron la guerra, vivieron una época de mayor crecimiento que México en la post guerra.

A entrar a la presidencia, Lázaro Cárdenas y Manuel Ávila Camacho enfrentaban dos realidades mundiales muy distintas: Cárdenas un mundo claramente peligroso para México y un sistema internacional inestable en pleno ajuste del Balance en donde los poderes ya habían definido al comunismo, la izquierda, economías cerradas, el ultranacionalismo como un peligro para el sistema internacional; Ávila Camacho entra cuando el mundo ya estaba en guerra, las alianzas estratégicas ya definidas y las opciones para posicionarse ya se habían desvanecido, pero la relación bilateral entre

México y los Estados Unidos aún se podía rescatar y eso fue de gran relevancia para este presidente. Cada mandatario enfrento un escenario internacional distinto que requería de capacidades muy particulares para maniobrar en la política internacional y para mejorar la posición de México en ese sistema. Desafortunadamente, las acciones de Cárdenas limitaron las opciones para Ávila Camacho y definieron, en gran parte, el destino sistémico de México y, por supuesto, su desarrollo económico a largo plazo.

¿Qué es lo relevante de esta experiencia sistémica para el futuro de México y los líderes políticos mexicanos? Primordialmente, deben de entender que el Desafío Sistémico es una realidad permanente que existe en el sistema internacional que obliga la participación proactiva del país en los asuntos más relevantes del sistema, y apoyando fuertemente la posición ideológica de los Estados Unidos.

Todos los mexicanos deben de entender que no existe una vía de desarrollo estando, básicamente, al margen de los conflictos internacionales que se dan entre los poderes que dominan y tratan de dominar el sistema mundial. Deben y tienen que participar en conflictos armadas o guerras apoyando incondicional a su vecino, el país más poderoso del mundo, porque solo así se va a ganar el respeto de ellos y un mejor lugar en el sistema. Ese apoyo incondicional será lo más relevante para que México realmente se desarrolle y abandone el tercer mundo.

México debe ser un verdadero aliado de los norteamericanos y dejar en el pasado esa mentalidad negativa, que la gran mayoría de los mexicanos llegan a tener de ese país por su política e intervención en el mundo. Deben de entender que esa política proactiva en el mundo de los Estados Unidos está diseñada para mantenerse en el poder y limitar el poder de otros que buscan dominar el sistema. Recordemos que, no existe moralidad para el Estado, sino solo intereses. Esa doctrina realista existe desde hace más de

2000 años y se debe aplicar porque funciona.

Un país como México no puede argumentar de sus principios morales en actos bélicos, cuando en su propia nación han condenado a la miseria a la gran mayoría de su población, generación tras generación, solo por mantener un sistema corrupto a beneficio de muy pocos.

Las futuras y actuales generaciones de México están obligados contemplar su papel en el mundo y decidir si quieren ser espectadores en la lucha para preservar un sistema que no les beneficia, o ser partícipes directos en la batalla constante sobre el control y dominio del sistema internacional. Solo una de esas opciones tiene un futuro desarrollado para México, de primer mundo, con oportunidades para todos, y todas las otras opciones solo son más de lo mismo: un México para los privilegiados y otro México para la gran mayoría.

Implicaciones

El Desafío Sistémica les exige mucho a los países que buscan superar su posicionamiento porque deben entender que solo impulsando o provocando cambios sistémicos se podría lograr ese objetivo. Además, obliga a los líderes de los países tener bases técnicas bien desarrolladas sobre las teorías que dominan el sistema, tener pensamiento teórico y abstracto, así como el conocimiento histórico que les permita poner la realidad sistémica en un contexto nuevo para evitar los mismos errores del pasado que limitan las opciones del desarrollo. Sin estas facultades intelectuales no es posible gobernar un país, entender la realidad del sistema internacional, o la conducta de los poderes para identificar oportunidades, y eso condena a un país ser una pieza más que los poderes utilizan para mantenerse en el poder. Es decir: para tener éxito en el sistema internacional hay que entender el sistema internacional, sin ese conocimiento o interés sistémico, un país siempre será esclavo de los poderosos y su crecimiento económico estará ligado a los intereses de los que controlan el sistema.

El desarrollo de esta investigación enfatizo el aspecto histórico del sistema internacional y el análisis cualitativo sobre el mismo para demostrar que el Desafío Sistémico es real y es algo natural del sistema desde los tiempos de Tucídides. El recorrido histórico del Balance de Poder del sistema confirmo la relevancia de la doctrina Realista y como domina las políticas y acciones de los poderes, así como su utilidad para interpretar la realidad detrás de las acciones de cada Estado que trataba de ajustar o mantener el Balance y control a su favor. Se demostraron que las acciones de los poderosos tenían fines muy específicos para asegurar su desarrollo económico, su poder militar y su influencia en el sistema. Se demostró como veían el futuro y las condiciones de su seguridad. Igual se demostraron las consecuencias en ignorar el Sistema y enfocarse a los intereses políticos internos de la nación.

No quedo duda que las acciones de los estados poderosos eran acciones basadas en las doctrinas que dominaron, y siguen dominando, el sistema internacional; que sus acciones eran calculadas y con objetivos muy específicos. Enfatice, que nada en el sistema internacional se dejaba al capricho del destino o mucho menos en las manos de otros. Si un país quiere triunfar en el sistema, debe actuar con firmeza, tener objetivos bien definidos, y una estrategia bien elaborada basada en las realidades que dominan el sistema. Toda política de Estado debe tener un fin sistémico que avanzan los intereses de la nación en el sistema internacional. Sin ello, el país está destinado al fracaso sistémico.

Conceptos Teóricos y Modelos Abstractos

El método Anclado de Análisis que se utilizó para esta investigación genero una serie de modelos y conceptos abstractos sobre el sistema que permite "ver" más claramente la complejidad de la realidad que los estados enfrentaban en el sistema. Estos modelos y conceptos le pueden dar un poco de claridad al Estado para desarrollar estrategias y enfrentar el sistema con éxito. Estos resultados no eran esperados o formaban parte de los objetivos de la investigación, y aun les falta mayor desarrollo, pero poder identificarlos fue un beneficio lateral que genero la metodología aplicada y de gran utilidad para entender el problema central. Son articulaciones que pueden asistir el proceso de desarrollo intelectual para entender el Realismo Político y formular una perspectiva más realista del mundo en que vivimos.

<u>Concepto Teórico #1</u>

El posicionamiento del Estado en el sistema internacional está directamente ligado al nivel de participación en la lucha del Balance de Poder.

<u>Concepto Teórico #2</u>

El desarrollo político y económico interno de país siempre será más alto cuando ese Estado genera mayores obligaciones internacionales y necesidades sistémicas.

<u>Concepto Teórico #3</u>

Políticas de Estado que fortalecen condiciones internas para competir por el poder en el sistema internacional y mejorar la posición, relevan la capacidad de la clase política y empresarial.

<u>Concepto Teórico #4</u>

Políticas de Estado no pueden ser creadas ajenas a la realidad sistémica, sin consecuencias sistémicas adversas.

<u>Concepto Teórico #5</u>

Políticas de Estado no pueden ser creadas bajo la premisa

que los poderes que luchan por controlar el sistema internacional favorecen el desarrollo nacional de terceros más allá del beneficio que les genera a sus propios intereses sistémicos.

Concepto Teórico #6
El subdesarrollo de los países se debe, y se mantiene, por las limitaciones sistémicas generadas por su posicionamiento.

Concepto Teórico #7
El enfoque interno de la política pública no es relevante para mejorar el posicionamiento en el sistema internacional.

Concepto Teórico #8
Es el sistema internacional que establece los parámetros de acción, y es la responsabilidad de cada Estado interpretarlos y actuar para generar oportunidades.

Concepto Teórico #9
Basar el desarrollo de un Estado pequeño en un sistema internacional estable es una contradicción porque no hay forma de mejorar su posición en un sistema estable.

Concepto Teórico #10
Un Estado pequeño está obligado provocar cambios en el sistema si busca cambiar su posición, porque las oportunidades que percibe en el sistema están para fortalecer el e*status quo* del orden establecido.

Concepto Teórico #11
Las reglas del sistema las establecen los grandes poderes para mantener el control sobre los pequeños.

<u>Concepto Teórico #12</u>

La paz en el sistema internacional es otra forma de decir control.

Modelos Abstractos

Los Modelos Abstractos representan una conceptualización de la estructura del sistema internacional; la interacción entre los poderes y todos los países; y sobre el impacto de las políticas y acciones sobre el sistema. El desarrollo de estos modelos pone en contexto sistémico la interacción entre el Estado, políticas y acciones, y la relación sistémica. Apoyado por el concepto del Desafío Sistémico, clarifica como el sistema internacional conspira en contra de los estados pequeños y revela lo difícil que es superar esas condiciones que los mantienen en la periferia del sistema y del desarrollo.

Modelos Abstractos Creados por Ignacio I. Cruz-Lara

Limites Sistémicos
Modelo Abstracto #1

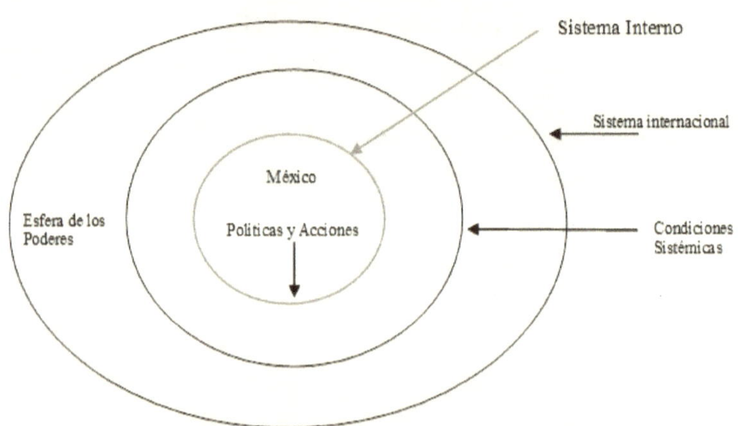

Estructura Conceptual
del Sistema Internacional
Modelo Abstracto #2

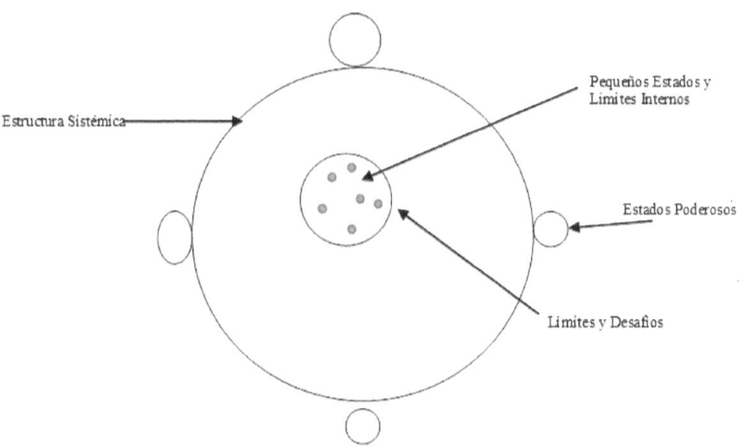

El Desafió Sistémico se encuentra dentro de la estructura del sistema y se identifica por medio de todas esas condiciones sistémicas establecidas para mantener el estatus quo sistémico.

Cuando se superan los Límites y Desafíos sistémicos, no cambiaría al sistema pero si implica un cambio básico en la estructura del Sistema; lo cual podría tener efectos profundos para mantener el estatus quo. Un cambio estructural dentro del sistema podría causar un cambio de sistema.

Desafío Sistémico
Modelo Abstracto #3

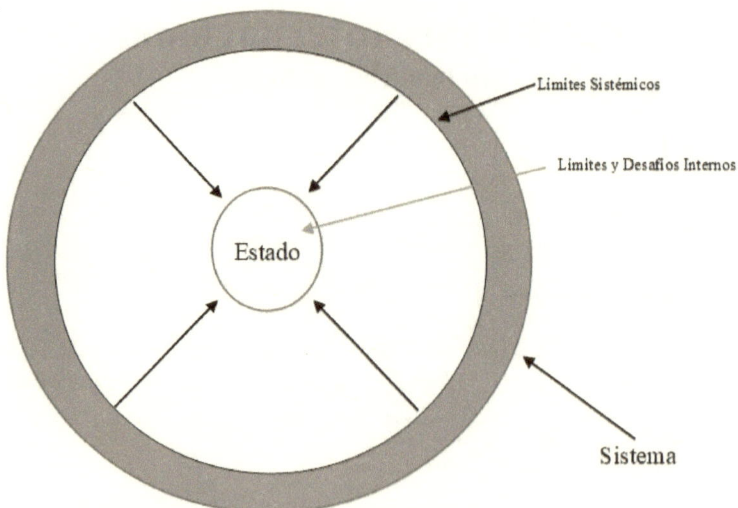

El Desafío Sistémico es un concepto teórico que nos permite interpretar la condición sistémica que un país enfrenta y está obligado identificar para poder enfrentarlo. Se construye en dos partes: 1) el pensamiento abstracto teórico de la realidad sistémica, y 2) límites sistémicos reales presentes en el sistema.

Las políticas y acciones de un Estado deben estar formuladas para enfrentar los Límites Sistémicos específicamente identificados por el Estado en base a sus metas sistémicas.

Cuando un Estado identifica sus Límites Sistémicos es porque entiende su realidad sistémica y podrá establecer una estrategia sistémica para enfrentar esos límites y eventualmente al Desafió Sistémico; es un proceso por etapas. No podrá afectar al sistema en términos reales a corto plazo, aunque identifique los Límites Sistémicos y los resuelva. Los Límites Sistémicos son creados para mantener el estatus quo de los grandes poderes.

La articulación de los Límites Sistémicos depende casi exclusivamente de clase política-empresarial-militar de una nación. Los Límites y Desafíos internos que limitan al Estado enfrentar al sistema deben ser identificados y eliminados con su estrategia sistémica.

Estructura de Poder
Modelo Abstracto #4

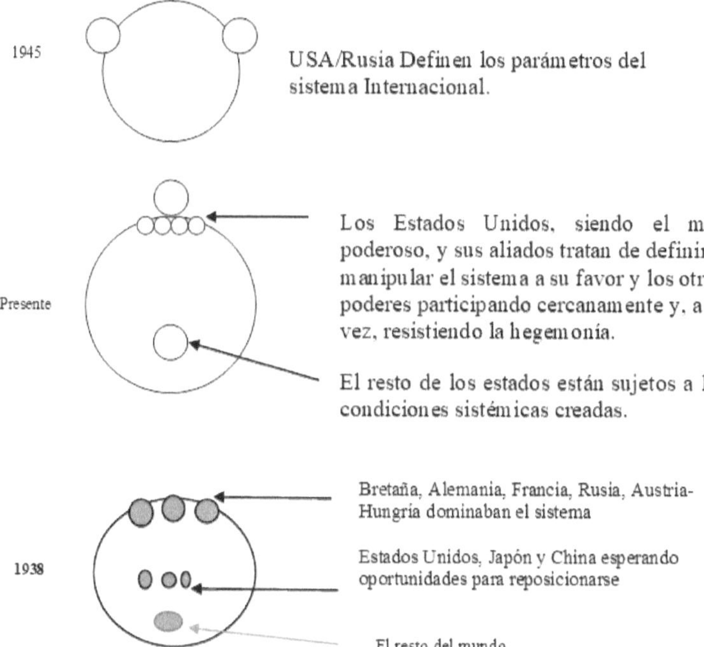

El sistema es básicamente estático. El objetivo principal de los poderosos es preservar el sistema y eliminar la posibilidad del cambio dentro del sistema, así como el cambio de sistema. Preservar el sistema es la meta principal de todos los poderes hasta que puedan provocar un cambio que les beneficie o elimine a otro poder. Irónicamente, los estados pequeños están apoyando a los poderes mantener un sistema que los limita.

Niveles del Sistema Internacional
Modelo Abstracto #5

Nivel 1:

Poderes Sistémicos
Los poderes que mantienen y han mantenido el control del sistema históricamente y son los estados que en su conjunto han creado y definido la estructura del sistema para preserva su posición.

Nivel 2:

Aliados Sistémicos
Esta posición es semipermanente: sus alianzas estratégicas les genera grandes beneficios sistémicos. Aunque existe la posibilidad de caer en posición es más probable que nunca suban al próximo nivel.

Nivel 3:

Marginados
Esta posición es básicamente permanente. Es muy probable que nunca suban al siguiente nivel. Solo durante un cambio sistémico y una ventaja sistémica podrán mejorar su posición.

Paradigma Intelectual
Modelo Abstracto #6

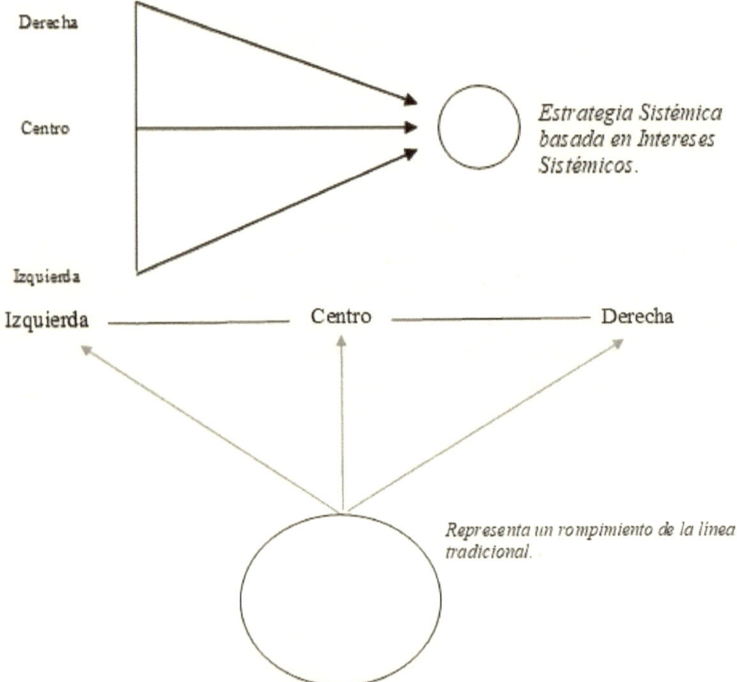

La Estrategia Sistémica no forma parte de la línea tradicional: No tiene derecha o izquierda, solo meta sistémica y se podrá aplicar todo tipo de ideología para lograrlo.

Relación Interna/Externa
Modelo Abstracto #7

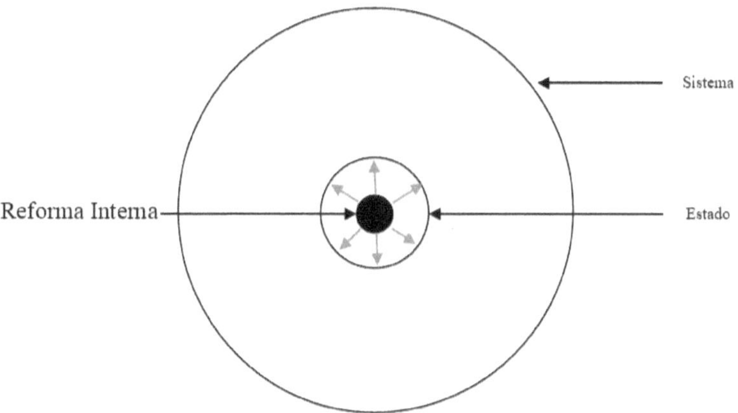

El cambio interno no tiene impacto en la estructura sistémica, solo afecta al Estado. Solo podría generar reacciones positivas o negativas ante otros estados, pero nada más. La dinámica Estado/Sistema no cambia en términos reales.

Concepto para el Estudio del Sistema Internacional
Modelo Abstracto #8

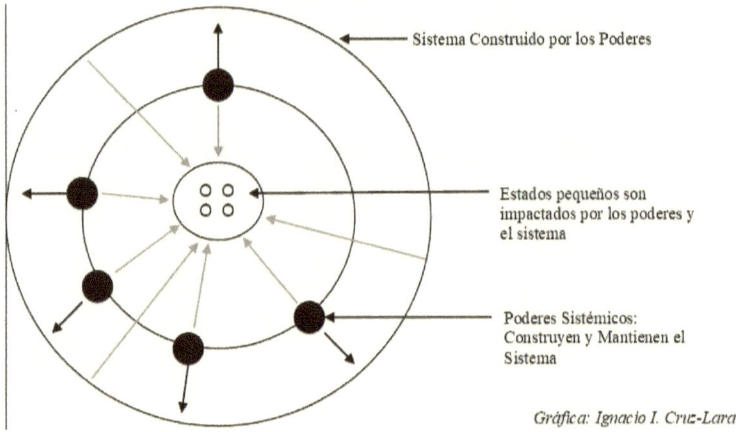

Gráfica: Ignacio I. Cruz-Lara

Conclusiones Cualitativas

Las conclusiones cualitativas están basadas exclusivamente sobre el resultado de análisis de las políticas y acciones mexicanas seleccionadas para la investigación. Las políticas seleccionadas representan las políticas y acciones de mayor relevancia en el contexto sistémico.

En los ocho años del ascenso del peligro de Hitler (1933-41) y hasta el fin de la guerra en 1945, México no demostró una estratégica sistémica para mejorar su posición dentro del sistema internacional. En cada política y acción México demostraba una determinación en ser irrelevante en el escenario internacional. El mundo se estaba dividido en dos bloques y México no declaraba su alianza a los Estados Unidos y tampoco rechaza al Eje para fortalecer la seguridad de Norteamérica. En no definir su alianza, México se revelo como un vecino poco confiable, así como un posible adversario para el Eje. Claramente eso no fue la intención de México, porque quería estar bien con ambos, pero ese es el tipo de consecuencia que se puede dar en un escenario tan complejo como el internacional y cuando un Estado desconoce de la complejidad del sistema y no tiene una estrategia definida para enfrentarlo.

Por mantenerse internamente enfocado y políticamente cerrado, México no genero debates importantes entre su elite para atender los temas del sistema internacional o para desarrollar una conversación amplia en la *"Esfera Pública[94]"* nacional para enfrentar las complejidades del sistema. Todos los grandes poderes estaban debatiendo el tema del Balance internamente en relación con la economía y seguridad nacional para definir la naturaleza de sus alianzas estratégicas y avanzar los intereses del país en el sistema. El pensamiento básico entre los poderosos era que si un Estado no tenía un papel relevante a nivel internacional no tenía posibilidad para desarrollarse e iba caer en decadencia. Esa filosofía básica del sistema ha estado presente desde su inicio, pero en México ese debate social nunca se generó o se vio presente en sus políticas y acciones.

Las acciones del presidente Cárdenas generaron confusión y dudas sobre los intereses y lo que se buscaba como nación. Cárdenas fue militar y tuvo que haber entendido que un país no podía crecer económicamente en esa época sin el poder militar y alianzas estratégicas para crear oportunidades. La política interna mexicana era un limitante para el país en términos sistémicos, pero no hay esfuerzo para compensar o resolver esos límites internos y tratar de competir en el mundo. La solución más obvia era establecer una alianza profunda con los Estados Unidos y dejarles la responsabilidad de coordinar la seguridad del continente, algo que de todos modos iban a estar obligados hacer a favor de los Estados Unidos. Estableciendo un esfuerzo en conjunto para asegurar el continente genera la posibilidad de crear oportunidades

---

94 Esfera Pública como la define Jürgen Habermas el filósofo y sociólogo alemán.

para integrar las economías de una forma más profunda y estratégica para México, algo que nunca se vio como objetivo común de la clase política-empresarial mexicana. No solo hablamos del acceso al mercado mexicano para los Estados Unidos, sino hablamos de una integración de las dos economías que le daría el espacio a México de generar y desarrollar nuevas tecnologías y expandir la capacidad de su economía (como ejemplo de esto podemos ver a Canadá o Japón). Desafortunadamente para México, eso no se hizo. México simplemente trato de alinearse con todos y con nadie, y perdió. Perdió grandes oportunidades sistémicas para reposicionarse que hoy en día ya no existen.

Las políticas de Cárdenas parecían no tener un enfoque claro, y parecía que cada acción solo era para corregir los errores de las políticas y acciones anteriores. Cárdenas en menos de 3 meses tomo una decisión que le tardaría 35 años al país superar económicamente y que en realidad nunca pudo superar en términos sistémicos. No hay otro argumento más que el de la política popular y el control interno para entender las acciones de México en la época de Cárdenas. Su enfoque, básicamente, 100% interno. Las políticas y acciones de Cárdenas solo retrasaron de forma permanente el desarrollo de México y desaprovecharon grandes oportunidades.

La protesta pública del Estado mexicana por el anexo de Austria del Tercer Reich le cerró la puerta a relaciones estratégicas con el Eje. Claro que los Estados Unidos nunca iba permitir el desarrollo de un enlace estratégico entre ellos, pero esa acción mexicana lo convierte en una realidad. Alemania pudo haber buscada una relación estratégica solo para complicarle el escenario a los Estados Unidos, como lo había hecho con otros países y la compra del petróleo mexicano daba esa indicación. Pero, en realidad México se había cerrado las puertas con los Aliados también por acciones radicales y sin sentido, y Alemania entendía que no había claridad en las acciones mexicanas y no existía una ventaja viable con ese país. Un intento mal enfocado para limitar o prevenir el rechazo del Eje, México no hace protesta diplomática por la anexión de Checoslovaquia, algo que no genero ningún beneficio ante el Eje. Los dos bloques militares y económicamente no le veían sentido a la política mexicana. Debido a esto, México genero su propia crisis de posicionamiento en el sistema y nunca se dio cuenta del error de sus políticas y acciones.

Cárdenas tuvo que haber entendido que su postura pública en contra de Alemania y los poderes del Eje, independientemente de sus tensiones con los Estados Unidos, era una clara confirmación para Alemania que México no se iba mantener neutral en una guerra entre ellos y los Estados Unidos. Su estrategia parecía cambiar erráticamente entre los norteamericanos y alemanes de forma constante, algo que nunca permito ganar el respeto de ninguno de esos países o permitirse posicionar como un aliado serio.

Cárdenas nunca entendió el valor estratégico que representaba México para los Estados Unidos y las oportunidades de largo plazo para el desarrollo de su país. La realidad es que una alianza Eje-México era imposible por el puro hecho de ser vecino de los Estados Unidos. Un aliado como México representaba recursos naturales, puertos y la seguridad general de Norteamérica, así como Canadá. México nunca vio esos beneficios estratégicos que representaban para buscar reposicionarse. Por las acciones de México, los Estados Unidos se vio obligado mantenerlo lo más tranquilo posible en lo que terminaba el peligro del Eje. Después del peligro, México dejo de ser relevante en términos estratégicos y perdió la única ventaja para mejorar su posición en el sistema y un desarrollo económico de primer mundo.

En lo económico, las políticas y acciones mexicanas solo generaron conflictos con los países que podrían otorgar el mayor beneficio económico a largo plazo y mejorar su posición en el sistema. México tuvo que haber entendido que los Estados Unidos quería un orden mundial capitalista y liberal, pero nunca respondió con políticas internas para fortalecer ese orden en Norteamérica. De hecho, México hizo todo lo contrario. Los únicos países que luchaban para defender el orden liberal y democrático del mundo no veían a México como un posible aliado estratégico, sino como un problema de seguridad.[95] La estratégica económica de México, si así la podemos describir, parecía ser de aislamiento, ofender a todos los poderes y mantenerse económicamente de sus pequeños ingresos. Un gran ejemplo de esto es la expropiación, una política socialista con un punto de vista económico distinto a los Estados Unidos y los poderes del mundo.

La política hacia Japón en 1938, negándole los derechos de pesca en aguas mexicanas, es otro ejemplo clave de la falla en la política económica. Fue una acción claramente en contra de Japón que no tenía sentido. En ese momento, México le estaba vendiendo petróleo a Alemania y a Italia. Realmente, la pesca japonesa en aguas mexicanas era irrelevante. Acciones como esta solo lograron confundir a los poderes. La declaración de no venderle petróleo al Eje, y después si venderle, o la de negarle derechos de pesca a Japón solo revelaba la confusión mexicana en asuntos internacionales. México no gano ninguna ventaja sistémica con esas políticas y se complicó sus condiciones económicas internas. Errores que demostraron una clara falla en el pensamiento estratégico durante esta época.

El poder económico y militar, siendo los atributos sistémicos más importantes de un Estado, fueron ignorados por completo por México en sus políticas y acciones. En términos sistémicos, no hubo a) políticas que intentaran mejorar la posición de México, b) no hubo un esfuerzo para

---

95 Estas oportunidades perdidas se pueden aprecia después de la segunda guerra mundial. El Plan Marshall revelo el esfuerzo de los Estados Unidos para excluir el comunismo y socialismo del mundo moderno, proteger a Europa de esos peligros, y limitar a Rusia, un país comunista.

establecer una relaciones estratégica con los Estados Unidos de largo plazo en relación militares, estrategia continental, o regional que implica compartir la responsabilidad de seguridad en Norteamérica, c) no hubo política alguna que le de forma técnica integra o incluya las fuerzas militares de México para mejorar su nivel y capacidad como fuerza regional, d) no hubo esfuerzo alguno para crecer o mejorar la industria militar de México para el desarrollo de armamento y tecnología, e) no hubo inversión presupuestal para el ejército mexicano para mejorar la calidad de sus efectivos y desarrollar su profesionalización en un mundo altamente peligroso y militarizado, y f) no hubo un esfuerzo para participar de forma directa en la segunda guerra mundial y luchar con los Estados Unidos y los Aliados para resolver la crisis sistémica y derrotar al Eje. Solo hubo una participación limitada y simbólica de México en las filipinas que no tuvo mayor relevancia.

Es claro que México no tuvo el objetivo de buscar un posicionamiento estratégico en el sistema y por ello desaprovecharon todas las oportunidades que existían antes y durante la guerra. Cuando inicia la guerra el escenario internacional ya no ofrecía mayores oportunidades para México, pero si existían oportunidades limitadas. La posibilidad de posicionarse en el sistema internacional entre la elite política ya se había desvanecido, para ello, México tuvo que haber actuado muchos antes. Lo único que consiguió México durante el ajuste sistémico fue asegurar su lugar en la periferia del sistema. Se aseguró un lugar en donde no iba a participar en el desarrollo del mundo moderno. Todos los principales países que se enfrentaron en la Segunda Guerra Mundial hoy en día representan las económicas y países más ricos, desarrollados y poderosos del mundo: Estados Unidos, Rusia, China, Japón, Gran Bretaña, Alemania, Francia, Italia, y Canadá.

Mantenerse al margen de los asuntos sistémicos y no

entender como maniobrar en esa época severamente ha limitado las oportunidades para el desarrollo de México hoy en día. Por ello, se ha mantenido en la periferia del sistema y al margen del verdadero desarrollo. Existen incentivos para mantener un enfoque interno y ejercer un poder absoluto interno porque tener un sistema cerrado le permite a la clase política de elite mantenerse en el poder. Pero ese enfoque mexicano tiene un costo, y el costo se refleja en una sociedad limitada sin mayores oportunidades económicas que es fácilmente manipulada. En México existe un vacío social en donde debería estar la "esfera pública" que Habermas describe en su trabajo. Un vacío que limita el desarrollo social del país y le da impunidad al sistema político interno.

Bibliografía Consultada

Abramsky, C. (ed), *Essays in Honor of E.H. Carr*, Macmillan, 1974

Adamnthwaite, Anthony P. 1977. *France and the Coming of the Second World War, 1936-1939*. London. Frank Cass.

Adamnthwaite, Anthony P. 1989. *The Making of the Second World War*. Routledge; 1ˢᵗ Edition.

Akamatsu, Kaname. 1961. "A Theory of Unbalanced Growth in the Western World Economy." *Weltwirtschaftliches Archiv* 86:196-215.

Aldcroft, D.H., *From Versailles to Wall Street: The International Economy, 1919-29*, Allen Lane, 1971

Allen, G. C., *A Short Economic History of Modern Japan*, Allen and Unwin, 1962

Amin, Samir. 1976. *Unequal Development: An Essay on the Social Formations of Peripheral Capitalism*. New York: Monthly Review Press.

Angell, Norman. 1911. *The Great Illusion: A Study of the Relation of Military Power in Nations to their Economic and Social Advantage*. 3d ed., rev. and enl. New York: Putnam.

Ambrose, S. E. [2], *Rise to Globalism: American foreign policy since 1938,* Penguin, 1971

Andrew, C., *Théophile Déclassé and the Making of the Entente Cordial,* Macmillan, 1968

Ashley, Richard K. 1981. Political Realism and Human Interest. *International Studies Quarterly* 25:204-236

Aster, S., *The Making of the Second World War,* Deutsch, 1973

Bartlett, C. J., 'Great Britain and the Spanish change of policy towards Morocco in June 1878', *Bulletin of the Institute of Historical research,* November 1958,

Baran, Paul A. 1967. The Political Economy of Growth: New York: Monthly Review Press

Brewer, Anthony. 1980 "Marxist Theories of Imperialism"

Baumont, M., *The Origins of the Second World War,* Yale University Press, 1978

BD: *Documents on British Foreign Policy,* 1919-39, HMSO, 1946

Beale, H. K., *Theodore Roosevelt and the Rise of America to World Power,* New York: Collier Books 1962

Bemis, S. F., *A Diplomatic History of the United States,* New York: Holt,

Rinehart and Winston, 1965

Berger, G. M., *Parties out of Power in Japan, 1931-41,* Princeton University
    Press, 1977

Berghahn, V. R., *Germany and the Approach of War in 1914,* Macmillan, 1973

Berghahn, V. R. and Kitchen, M. (eds), *Germany in the Age of Total War,*
    Groom Helm, 1981

Blasier, Cole. 2009. *The hovering giant: U.S. responses to revolutionary change
    in Latin America, 1910-1985.* Pittsburgh: University of Pittsburgh,
    Digital Research Library

Blum, J. M., *From the Morgenthau Diaries,* 3 vols, Boston: Houghton Mifflin,
    1959-67

Bond, Brian [1], *British Military Policy between Two World Wars,* Oxford:
    Clarendon Press, 1980

Borisov, O. B. and koloskov, B. T., *Soviet-Chinese Relations, 1945-70,* Indiana
    University Press, 1973

Bosworth, R. J. B., *Italy, the least of the Great Powers,* Cambridge University
    Press, 1979

Bourne, Kenneth and Watt, D. C., (eds), *Studies in International History,*
    Longman, 1967

Bovykin, V. I., 'The Franco-Russian alliance', *History,* February 1979, pp.
    20-35

Boyle, J. H., *China and Japan at War, 1937-45,* Stanford University Press,
    1972

Bridge, F. R., [1] *From Sadowa to Sarajevo: the foreign policy of Austria-Hungry,
    1866-1914,* Routledge and Kegan Paul, 1972

Bridge, F. R., [2] *Great Britain and Austria-Hungary, 1906-14,* Weidendeld
    and Nicolson, 1972

Brodie, B., *War and Politics,* Cassell, 1973

Brozat, Martin, *The Hitler State: the foundation and development of the internal
    structure of the Third Reich,* Longman, 1981

Bullock, Alan. 1952. *Hitler: A Study in Tyranny.* London. Harper & Row.

Burk, K.M, 'British War Missions to the United States, 1914-18', unpublished
    D. Phil., Oxford, 1976

Busch, B.C., *Britain, India and the Arabs, 1914-21,* University of California
    Press, 1971

Butler, Sir. James. 1960. *Lord Lothian (Philip Kerr), 1851-1940.* New York:
    St. Martin Press

Butterfield, H.., *History and Human Relations,* Collins, 1951

Bourdieu, Pierre. 1977. Outline of a Theory of Practice. Richard Nice,
    trans. Cambridge, England: Cambridge University Press.

Carr, E.H. 1945. Nationalism and After. London: Macmillan

Carr, E.H. [1], *The Twenty Year Crisis, 1913-39,* Macmillan, 1946

Carr, E.H. [2], *From Napoleon to Stalin and other Essays*, Macmillan, 1980

Charmaz, K. (2006). Constructing Grounded Theory: A Practical Guide Through Qualitative Analysis. Thousand Oaks, CA: Sage Publications.

Clarke, A. (2005). Situational Analysis: Grounded Theory After the Postmodern Turn. Thousand Oaks, CA: Sage Publications.

Clubb, O. E., *China and Russia, The 'Great Game'*, Columbia University Press, 1971

Cohen, Raymond, *Threat Perception in International Crisis*, University of Wisconsin Press, 1979

Collins, D. N., 'The Franco-Russian alliance and Russian railways, 1891-1914', *Historical Journal*, 1973, pp. 777-88

Cooke, J. J., *The New French Imperialism, 1880-1910*, Newton Abbot: David Charles, 1973

Cooper, Richard. 1968. *The Economics of Interdependence: Economic Policy in the Atlantic Community*. New York: McGraw-Hill.

Coox, A. D. and Conroy, H. (eds), *China and Japan: a search for balance since World War I*, Santa Barbara: Clio Books, 1978

Council of Economic Advisors. 1985. *Economic Report of the President*. Washington: US Government Printing Office.

Coverdale, J. F., *Italian Intervention in the Spanish Civil War*, Princeton University Press, 1975

Craig, Gordon A., *Germany, 1866-1945*, Oxford: Clarendon Press, 1978

Crowley, James B. 1966. *Japan's Quest for Autonomy: National Security & Foreign Policy, 1960-1938*. Princeton, New Jersey. Princeton University Press.

Dayer, Roberts A., Bankers and Diplomats in China, 1917-25, Frank Cass, 1981

Dilks, D. [1], *Retreat from Power: studies in Britain's foreign policy of the twentieth century*, 2 vols, Macmillan, 1981

Dilks, D. [2] (ed.), *The Diaries of Sir Alexander Cadogan*, 1938-45, Cassell, 1971

Escobar, Arturo. 1995. Encountering Development: The Making and Unmaking of the Third World. Princeton University Press.

Evans, Peter. 1979. *Dependent Development: The Alliance of Multinational, State and Local Capital in Brazil*. Princeton University Press.

Ferguson, James. 1994. The Anti-Politics Machine: Development, Depoliticization, and Bureaucratic Power in Lesotho. University of Minnesota Press.

Farrar, L. L., [1], *The Short war Illusion*, Santa Barbara: Clio Books, 1973

Farrar, L. L., [2], *Divide and Conquer: Germany's Effort to conclude a separate peace, 1914-18*, Columbia University Press, 1978

Foucault, Michel. 1970. *The Order of Things*. New York: Pantheon

Foucault, Michel. 1972. *The Archaeology of Knowledge*. New York: Pantheon

Frodsham, J. D., *The First Chinese Embassy to the West*, Oxford: Clarendon Press, 1974

Frank, Robert H, and Richard T. Freeman. 1978. The Distributional Consequences of Direct Foreign Investment. New York: Academic Press

Frank, Andre Gunder. 1969. Capitalism and Underdevelopment in Latin America: Historical Studies of Chile and Brazil. Rev. ed. New York: Monthly Review Press 1970.

Frank, Andre Gunder. 1970. *Latin America: Under development or Revolution*. New York: Monthly Press Review.

Frank, Robert H., and Richard T. Freeman. 1978. *The Distributional Consequences of Direct Foreign Investment*. New York: Academic Press.

FRUS: *Foreign Relations of the United States*, Washington, DC: Government Printing Office

Frey, Bruno. 1984a. "The Public Choice View of International Political Economy," *International Organizations* 38:199-223

Fry, M. G., *Lloyd George and Foreign Policy, 1890-1916*, McGill-Queen's University Press, 1977

Giddes, Anthony, ed. 1972. *Politics and Sociology in the Thought of Max Weber*. London: Macmillan

Giddes, Anthony. 1978. *Emile Durkheim*. New York: Penguin Books.

Giersch, Herbert. 1984. "The Age of Schumpeter". American Economic Review 74 (May): 103-109.

Gilbert, Sir Martin. 1989. *The Second World War: A Complete History*. Henry Holt & Co.

Gilpin, Robert. 1987. The Political Economy of International Relations. Princeton University Press.

Gilpin, Robert. 1972. "The Politics of Transnational Economic Relations." In Keohane and Nye, 1972, pp. 48-69.

Gilpin, Robert. 1977. "Economic Interdependence and National Security in Historical Perspective." In Klaus Knorr and Frank N. Tragger, eds., *Economic Issues and National Security*. Lawrence: The Regents Press of Kansas.

Gilpin, Robert. 1975. U.S. Power and the Multinational Corporation. New York: Basic Books

Gilpin, Robert. 1981a. Political Change and international theory. Paper presented at the annual meeting of the American Political Science Association, New York, September 3-6

Gilpin, Robert. 1981b. *War and Change in World Politics*. New York: Cambridge University Press.

Gilpin, Robert. 1984. "Structural Constraints on Economic Leverage: Market-Type Systems." In Gordan H. McCormick and Richard E. Bissel, eds., *Strategic Dimensions of Economic Behavior,* Chapter Six. New York: Praeger.

Gilpin, Robert. 1984. The richness of the tradition of political realism. *International Organization* (Spring) 38(2):287-304

Glaser, Barney G & Strauss, Anselm L., 1967. The Discovery of Grounded Theory: Strategies for Qualitative Research, Chicago, Aldine Publishing Company

Glaser, B. (1992). Basics of grounded theory analysis. Mill Valley, CA: Sociology Press.

Gladwyn, Herbert Miles. 1972. *The Memoirs of Lord Gladwyn.* Webright & Talley

Gramsci, Antonio. 1971. *Selections from the Prison Notebooks.*Quintin Hoare and Geoffrey N. Smith, eds. And transl. New York: International Publishers

Gooch, G. P. and Temperley, H. W. V. (eds), *British Documents on the Origins of the War, 1898-1914*, HMSO, 1926-38

Gooch, John, *The Prospect of War*, Frank Cass, 1981

Goschen, *The Diary of Edward Goschen, 1900-14*, C. H. D. Howard (ed.), Camden 4th series, vol. Xxv, Royal Historical Society, 1980

Goulding, C. (2002). Grounded Theory: A Practical Guide for Management, Business and Market Researchers. London: Sage.

Habermas, Jürgen. 1971. *Towards a Rational Society.* Jeremy J. Shapiro, transl. London: Heinemann

Habermas, Jürgen. 1974. *Theory and Practice.* John Viertel, transl. Boston: Beacon Press

Habermas, Jürgen. 1979. *Communication and the Evolution of Society.* Thomas McCarthy, transl. London: Hienemann

Habermas, Jürgen. 1989 [1962]. The Structural Transformation of the Public Sphere: An Inquiry into a Catergory of Bougeois Society. The MIT Press, Cambridge, Massachusetts

Hawtrey, Ralph G. 1952. *Economic Aspects of Sovereignty.* London: Longmans.

Hegel, George W.F. 1945 [1821]. *Hegel's Philosophy of Right.* Trans. With notes by T.M. Knox. London: Oxford University Press.

Herring, Hubert. 1962. *A History of Latin America from the Beginning to the Present.* New York: Alfred A. Knopf.

Hildebran, Klaus. 1995. *The Reich, Nation State, Great Power: Reflections on German Foreign Policy 1871-1945.* London: German Historical Institute.

Hobbes, Thomas. 1962 [1651]. Leviathan. Edited by Michael Oakeshott.

Collier Books

Hiden, John, *Germany and Europe*, 1919-39, Longman, 1977

Hicks, John. 1969. *A Theory of Economic History.* Oxford: Oxford University Press.Hildebrand, Klaus, *The Foreign Policy of the Third Reich,* Batsford, 1973

Heilbroner, Robert L. 1980. *Marxism: For and Against.* New York: W.W. Norton.

Heilbroner, Robert L. 1985. *The Nature and Logic of Capitalism.* New York: W.W. Norton

Hinsley, F.H., [1] (ed), *British Foreign Policy under Sir. Edward Grey*, Ca,bridge University Press, 1977

Hinsley, F.H., [2], *British Intelligence in the Second World War,* HMSO, 1979

Hoffmann, E.P. and Fleron, F.J. (eds.) *The Conduct of Soviet Foreign Policy,* Butterworths, 1971

Hohenlohe-Schillingsfurst, C.C.V. von, *Memoirs of Prince Hohenlohe,* 2 vols. Heinemann, 1906

Howard, Michael [1], *The Franco-Prussian War,* Rupert Hart-Davis, 1968

Howard, Michael [2], *The Mediterranean Strategy in the Second World War,* Weidendeld and Nicolson, 1968

Howard, Michael [3], *War and the Liberal Conscience,* Temple Smith, 1978

Howard, Michael [4] (ed.), *Restraints on War,* Oxford University Press, 1979

Howard, Michael [5], 'The relevance of traditional strategy', Foreign Affairs, January 1973, pp. 253-66

Hume, David. 1742. Of the balance of power. In Charles W. Hendel, ed. 1953. *David Hume's Political Essays.* Indianapolis: Bobbs-Merrill

Humphreys, RA. 1982. *Latin America and the Second World War: Vol. 2: 1942-1945.* Bloomsbury Publishing.

Hunt, Barry and Preston, Adrian, (eds.), *War Aims and Strategic Policy in the great War, 1914-18,* Croom Helm, 1977

Ienaga, Saburō, *The Pacific War,* New York, Pantheon Books, 1978

Ireland, Timothy P., *Creating the Entangling Alliance,* Aldwych Press, 1981

Iriye, Akira, *From Nationalism to Internationalism,* Routledge and Kegan Paul, 1977

Irving, David J.C., *Hitler's War,* Hodder and Sroughton, 1977

Jaconson, Jon, *Locarno Diplomacy: Germany and the West, 1925-29,* Princeton University Press, 1972

Joll, J., *Europe since 1870,* Penguin, 1976

Kant, Immanuel. 1795. *Perpetual Peace.*

Kazemzadeh, Firuz. 1968. *Russia and Britain in Persia, 1864-1914: A Study in Imperialism. Yale Russian and East European studies. Volume 6.* Yale University Press.

Kelle, Udo (2005). "Emergence" vs. "Forcing" of Empirical Data? A

Crucial Problem of "Grounded Theory" Reconsidered. Forum Qualitative Sozialforschung / Forum: Qualitative Social Research [On-line Journal], 6(2), Art. 27, paragraphs 49 & 50.

Keohane, Robert O. 1980. "The Theory of Hegemonic Stability and Changes in International Economic Regimes, 1967-1977." In Holsti et al., 1980, Chapter 6.

Keohane, Robert O. 1982b. "The Demand for International Regimes." *International Organization* 36:325-55

Keohane, Robert O. 1982b. Hegemonic leadership and US foreign economic policy in the 'long decade' of the 1950's. In Avery and Rapkin, eds. *America in a Changing World Political Economy.*

Keohane, Robert O.1983. Theory of world politics: Structural realism and beyond. In Ada Finifter, ed. *Political Science: The State of Discipline.* Washington: American Political Science Association.

Keohane, Robert O. 1984a. *After Hegemony: Cooperation and Discord in the World Political Economy.* Princeton University Press.

Keohane, Robert O. 1984b. "The World Political Economy and the Crisis of Embedded Liberalism." In Goldthorpe, 1984, Chapter I.

Keohane, Robert O. and Joseph Nye, Jr., eds. 1972. *Transnational Relations and World Politics.* Cambridge: Harvard University Press.

Keohane, Robert O and Joseph Nye. Jr., 1977. *Power and Interdependence: World Politics in Transition.* Boston: Little, Brown.

Keynes, John Maynard. 1919. *The Economic Consequences of Peace.* London: Macmillan.

Keynes, John Maynard. 1925. *The Economic Consequences of Mr. Churchill.* London: L&D Wolff.

Kissinger, Henry A. 1968. The white revolutionary: reflections on Bismarck. *Daedalus* (Summer) 97(3):888-924

Kaufman, Burton I., *Efficiency and Expansion: foreign trade expansion in the Wilson administration, 1913-21,* Connecticut: Greenwood Press, 1974

Kazemzadeh, Firuz, *Russia and Britain in Persia, 1864-1914,* Yale University Press, 1968

Kehr, E. [1], *Battleship Building and Party Politics, 1984-1901,* University of Chicago Press, 1975

Kehr, E., [2], *Economic Interest, Militarism and Foreign Policy,* University of California Press, 1977

Kennedy, Paul. 1983. *Strategy & Diplomacy 1870-1945.* London

Kitchen, Martin [2], *A Military History of Germany from the Eighteencth Century to the Present Day,* Weidenfeld and Nicolson, 1975

Kitchen, Martin [3], *The Political Economy of Germany, 1890-1918,* Cambridge University Press, 1982

Knorr, Klaus, 1944. *British Colonial Theories, 1570-1850.* Toronto: University

Press.

Knorr, Klaus, 1973. *Power and Wealth: The Political Economy of International Power.* New York: Basic Books.

Koch, H.W. (ed.), *The Origins of the First World War,* Macmillan, 1972

Langhorne, Richard, *The Collapse of the Concert of Europe, 1890-1914,* Macmillan, 1981

Link, A.S. [1], *The Papers of Woodrow Wilson,* vol. Xxx ff., Princeton University Press, 1979 ff.

Lowenthal M.M., 'Roosevelt and the coming of war, 1937-42', *Journal of Contemporary History, 1981,* pp. 413-40

Lenin, V.I. 1916/39. Imperialism: The Highest Stage of Capitalism. New York: International Publishers.

MacDonald, C.A. 1986. The United States, Britain, & Argentina in the Years Immediately After the Second World War, *Political Economy of Argentina 1880-1946. Edited by Guido di Tella & DCM Platt.* Oxford. St Anthony's College.

Machiavelli, Niccoló. 1513/1970. *The Discourses.* Bernard Crick, ed. Harmonds-worth, Middlesex: Penguin

Machiavelli, Niccoló. 1513/1977. *The Prince.* New York: Norton

Mackay, R.F., *Fisher of Kilverstone,* Oxford: Clarendon Press, 1973

Malozemoff, A., *Russian Far Eastern Policy, 1881-1904,* University of California Press, 1958

Mann, Golo, *The History of Germany since 1789,* Chatto and Windus, 1968

Manne, R. [1], 'The Foreign Office and the failure of the Anglo-Soviet rapprochement', *Journal of Contemporary Histroy,* 1981, pp. 725-56

Manne, R. [2], 'Some British light on the Nazi-Soviet Pact', *European Studies Review,* January 1981, pp. 83-102

Marder, A.J., *From Dreadnought to Scape Flow,* vol. I, Oxford University Press, 1961

Martin, Patricia Yancey, Turner, Barry A.. (1986). Grounded Theory and Organizational Research. *The Journal of Applied Behavioral Science,* 22(2), 141. Retrieved June 21, 2009, from ABI/INFORM Global database. (Document ID: 1155984).

Mey, G. & Mruck, K. (Eds.) (2007). Grounded Theory Reader (HSR-Supplement 19). Cologne: ZHSF. 337 pages

Meier, Gerald M. and Robert E. Baldwin. 1957. *Economic Development Theory, History, Policy.* New York: John Wiley and Sons.

Middlemas, Keith & Barnes, John. 1969. *Baldwin.* Little Hampton Book Series LTD.

Mill, John Stuart. 1970 [1848]. *Principals of Political Economy.* Baltimore: Penguin Books.

Morely, James W. 1976. *Japan's Road to the Pacific War, Vol. I, Detterent*

Diplomacy: Japan, Germany and the USSR, 1935-1940. New York. Colu7mbia University Press.

Morrison, G.E. 1977 *The Correspondence of G.E. Morrison,* Lo Hui-min (ed.), 2 vols, Cambridge University Press.

Morganthau, Hans J. 1946. Scientific Man Versus Power Politics. Chicago: University of Chicago Press

Morganthau, Hans J. 1948. *Politics Among Nations.* New York: Knopf.

Morganthau, Hans J. 1958. The escape from power. In *Dilemmas of Politics.* Chicago: University of Chicago Press.

Morganthau, Hans J. 1970. *Truth and Power.* New York: Praeger.

Morganthau, Hans J. 1974. Détente: the balance sheet. *New York Times,* March 28.

Moulder, Frances V., *Japan, China and the Modern World Economy,* Cambridge University Press, 1977

Mundell, Robert A and Alexander K. Swoboda. 1969. Monetary Problems in the International Economy. Chicago: University of Chicago Press

Modelski, Goerge. 1978. "The Long Cycle of Global Politics and the Nation-State." *Comparative Studies in Society and History* 20:214-38

Okamoto, Scumpei, *The Japanese Oligarchy and the Russian-Japanese War,* Columbia University Press, 1970

Orde, A., *Great Britain and International Security, 1920-26,* Royal Historical Society, 1978

OTH. *Bureau of Public Affairs Milestones: 1937-1945; Mexican Appropriation of Foreign Oil, 1938.*

Oye, Kenneth A. 1983. *Belief Systems, Barganing and Breakdown: International Political Economy: 1929-1934.* Unpublished doctoral dissertation, Harvard University

Reynolds, David. 1981. *The Creation of the Anglo-American Alliance, 1937-1941: A Study in Competitive Cooperation.* University of North Carolina Press.

Rich, Norman, *Friedrich von Holstein,* 2 vols., Cambridge University Press, 1965

Rich, Norman, and Fisher, M.H. (eds.), *The Holstein Papers: 1837-1909,* 4 vols, Cambridge University Press, 1955-63

Robertson, E.M. 1970. *Mussolini and Ethiopia: The Prehistory of the Rome Agreement of Japan 1935: in Studies in Diplomatic History.* London.

Robertson, E.M. 1970. *A History of Fascism, 1914-1945.* New York.

Robertson, E.M. 1971. *The Origins of the Second World War.* Palgrave.

Robertson, E.M. 1977. *Mussolini as Empire Builder: Europe & Africa, 1932-1936.* New York.

Rosecrance, Richard N. 1963. *Action and Reaction in World Politics:*

International Systems in Perspectives. Boston: Little, Brown.

Rosecrance, Richard N. 1966. Pre-Theories and theories of foreign policy. In R Barry Farrell, ed. *Approaches to Comparative and International Politics*. Evanston: Northwestern University Press.

Rosenau, James N. 1990 "Turbulence in World Politics": Princeton University Press

Roskill, Steven W. 1968. *Naval Policy between the Wars Vol. 2, The Period of Relevant Rearmament 1930-1939. Walker*

Roskill, Steven W. 2004. *The War at Sea 1939-1945: Period of Balance Vol. 2.* United Kingdom: Naval Military Press LTD.

Ruggie, John G. 1983. Continuity and Transformation in the World Polity: Toward a neorealist synthesis. *World Politics* (January) 35(2)261-285

Ryder, A.J. 1967. *The German Revolution of 1918: A Study of German Socialism in War & Revolt.* Cambridge, England. Cambridge University Press.

Shai, Aron. 1999. *Britain & China, 1941-1947.* United Kingdom. Palgrave MacMillan.

Schewe, Donald B. 1969. *Franklin D. Roosevelt & Foreign Affairs Vol. 1.* Clearwater Publishing Co.

Schumpeter, Joseph A. 1919. The sociology of imperialism. In Schumpeter 1955 *Imperialism and Social Classes.* Heinz Norde, transl. New York: Meridian Books.

Schumpeter, Joseph A. 1950. *Capitalism, Socialism, and Democracy.* 3d ed. New York: Harper and Row.

Schumpeter, Joseph A. 1951. *Imperialism and Social Classes.* New York: Meridian

Schumpeter, Joseph A. 1961. *The Theories of Economic Development: An Inquiry into Profits, Capital, Credit, Interest, and the Business Cycles.* Trans. Redvers Opie. New York: Oxford University Press.

Sen, Gautam. 1984. *The Military Origins of Industrialization and International Trade Rivalry.* New York: St. Martin's Press

Sigmund, Paul E. 1980. *Multinationals in Latin America: The Politics of Nationalization.* Madison: University of Wisconsin Press.

Skocpol, Theda. 1977. "Wallerstein's World Capitalist System: A Theoritical and Historical Critique." *American Journal of Sociology* 82:1075-90.

Smith, Tony. 1981. *The Pattern of Imperialism: The United States, Great Britain, and the Late-Industrializing World since 1815.* New York: Cambridge University Press.Nekludoff, A.., *Diplomatic Reminiscences, 1911-17,* John Murray, 1920

Smith, Adam. 1937 [1776]. *An Inquiry into the Nature and Causes of the Wealth of Nations.* New York: Modern Library.

Spiro, David E. 1987. "Policy Coordination in the International

Political Economy: The Politics of Recycling Petrodollars." Ph.D. dissertation, Department of Politics, Princeton, University.

Shire, William L. 1959 "The Rise and Fall of the Third Reich": Simon & Shuster.

Smith C. Jay, *The Russian Struggle for Power, 1914-17,* New York: Greenwood Press 1956

Smith, D.M., *The Great Departure: the United States and World War I, 1914-20,* New York: John Wiley, 1965

Smith, Woodruff D., *The German Colonial Empire,* University of North California Press, 1978

Steiner, Zara, *Britain and the Origins of the First World War,* Macmillan, 1977

Strauss, A. (1987). Qualitative analysis for social scientists. Cambridge, England: Cambridge University Press.

Thomas, G. and James, D. (2006). Re-inventing grounded theory: some questions about theory, ground and discovery, *British Educational Research Journal*, 32, 6, 767–795.

Thucydides. c 400 b.c./1951 History of the Peloponnesian War. John H. Finley, Jr. trans. New York: Modern Library.

Trotter, Ann. 1975. *Britain & East Asia 1933-1937. New York:* Columbia University Press

Tooze, Roger. 1984. "perspectives and Theory: A Consumer's Guide." In Strange.

Ulam. Adam Bruno. 1968. *Expansion & Coexistence, The History of Soviet Foreign Policy, 1917-1967.* Praeger.

Vinar, Jacob. 1948. "Power vs. Plenty as Objectives of Foreign Policy in the Seventeenth and Eighteenth Centuries." *World Politics* I:I-29. 1951. "International Relations Between State-Controlled National Economies. Glenco, Ill.: Free Press
1952. International Trade and Economic Development. Glenco, Ill.: Free Press

Von Thuen, Johann Heindrich. (Giersch 1984). The Core/Periphery Formulation

Vernadsky, G. (ed.), *A Source Book for Russian History,* vol. III, Yale University Press, 1972

Waley, Daniel Philip. 1975. *British Public Opinion and The Abysian War, 1935-1936.* London. Maurice Temple Smith.

Wallerstein, Immanuel. 1974a. The Modern World-System I: Capitalist Agriculture and the Origins of the European World-Economy in the Sixteenth Century. New York: Free Press

Wallerstein, Immanuel. 1979. The rise and future demise of the world capitalist system: concepts for comparative analysis. In Wallerstein, *The Capitalist World Economy.* New York: Cambridge University Press

Wallerstein, Immanuel. 1980. *The Modern World-System II: Mercantilism and the Consolidation of the European World-Economy, 1600-1750.* new York: Academic Press.

Waltz, Kenneth N. 1959. *Man, The State and war.* New York: Columbia University Press.

Waltz, Kenneth N. 1967. *Foreign Policy and Democratic Politics: The American and British Experience.* Boston: Little, Brown.

Waltz, Kenneth N. 1970. The myth of national interdependence. In Charles P. Kindleberger, ed. *The International Corporation.* Cambridge: MIT Press.

Waltz, Kenneth N. 1979. *Theory of International Politics.* Reading, Mass.: Addison-Wesley.

Waltz, Kenneth N. 1982b. What causes what? Systemic and unit level explanations of change. Institute for international studies. University of California, Berkeley, draft (January)

Warren, Bill. 1973. "Imperialism and Capitalist Industrialization." *New Left Review* 81:3-44.

Watt, Donald Cameron. 1975. *Too Serious A Business: Europe Armed Forces and the Approach of the Second World war.* Berkeley, Ca. University of California Press.

Weber, Max. 1972. From *Max Weber: Essays in sociology.* H. Gerth and C. Wright Mills, transl. And eds. New York: Oxford University Press.

Weber, Max. 1974. Subjectivism and determinism. A translation of Weber, Roscher und Knies das irrationalitätsproblem. In Giddens, ed.. 1974. *Positivism in Sociology.*

Weinberg, G.L. [1], *The Foreign Policy of Hitler's Germany, 1933-36,* University of Chicago Press, 1970

Weinberg, G.L. [2], *The Foreign Policy of Hitler's Germany, 1937-39,* University of Chicago Press, 1980

Weinberg, G.L. [3], *World in the Balance: behind the scenes of World War II,* University Press of New England, 1981

Widenor, William, C., *Henry Cabot Lodge and the Search for and American Foreign Policy,* University of California Press, 1980

Woodwardm E.L., *British Foreign Policy in the Second World War,* 5 vols, HMSO, 1970-76

Young, M.B., *The Rhetoric of Empire: American China Policy, 1895-1901,* Harvard University Press, 1968

Young, R.J., *In Command of France: French foreign policy and military planning, 1933-40,* Harvard University Press, 1978